最新法律文件解读丛书

行政与执行法律文件解读

XINGZHENG YU ZHIXING FALÜ WENJIAN JIEDU

人民法院出版社 编

总第241辑 2025.01

人民法院出版社

图书在版编目（CIP）数据

行政与执行法律文件解读. 总第241辑 / 人民法院出版社编. -- 北京 : 人民法院出版社, 2025. 5. -- (最新法律文件解读丛书). -- ISBN 978-7-5109-4241-9

Ⅰ. D922.105

中国国家版本馆CIP数据核字第202579B3A0号

行政与执行法律文件解读·总第241辑

人民法院出版社　编

责任编辑　丁塞峨
出版发行　人民法院出版社
地　　址　北京市东城区东交民巷27号　邮编　100745
电　　话　(010)67550656(责任编辑)　67550558(发行部查询)
　　　　　65223677(读者服务部)
客服QQ　2092078039
网　　址　http://www.courtbook.com.cn
E-mail　courtbook@sina.com
印　　刷　三河市国英印务有限公司
经　　销　新华书店
开　　本　787毫米×1092毫米　1/16
字　　数　115千字
印　　张　8
版　　次　2025年5月第1版　　2025年5月第1次印刷
书　　号　ISBN 978-7-5109-4241-9
定　　价　28.00元

卷首语

为了推动能源高质量发展，保障国家能源安全，促进经济社会绿色低碳转型和可持续发展，积极稳妥推进碳达峰碳中和，适应全面建设社会主义现代化国家需要，2024 年 11 月 8 日，第十四届全国人民代表大会常务委员会第十二次会议通过了《中华人民共和国能源法》，为了便于读者准确理解和把握相关内容，本辑“法律、法律性文件与解读”栏目重点收录了该法。

2025 年 3 月 5 日，工业和信息化部发布了新修订的《通信建设工程安全生产管理规定》（以下简称《管理规定》）。为更好理解和落实《管理规定》要求，本辑“行政法规、法规性文件与解读”栏目重点收录了《管理规定》及其解读。

为深入贯彻中央关于整治形式主义为基层减负的要求，不断做优符合司法规律的审判管理，把习近平法治思想贯彻落实到审判执行全过程、各环节，最高人民法院印发了修订后的《人民法院审判质量管理指标体系》。本辑“司法解释、司法指导性文件与解读”栏目收录了最高人民法院审管办负责人就本次修订情况答记者问，方便读者掌握本次修订的背景、主要内容、基本思路等。

本辑“指导案例、典型案例与解读”栏目收录了生态环境部公布第二十批生态环境执法典型案例（机动车排放检验领域第三方机构专项整治）、江苏省高级人民法院与江苏省司法厅联合发布江苏省行政争议调处典型案例，为各级法院办理类案提供参考。

最新法律文件解读丛书
编　辑　部

兰丽专　（010）67550626

丁丽娜　（010）67550608

周　敏　（010）67550562

杨　洁　（010）67550562

路建华　（010）67550660

丁塞峨　（010）67550656

投稿邮箱：

《刑事法律文件解读》　xingshijiedu@ 163. com

《民事法律文件解读》　1216921515@ qq. com

《商事法律文件解读》　shangshijiedu@ 126. com

《行政与执行法律文件解读》　1290312696@ qq. com

目录

法律、法律性文件与解读

行政法规、法规性文件与解读

司法解释、司法指导性文件与解读

指导案例、典型案例与解读

行政审判讲堂答疑

法答网精选答问

新类型疑难案例选评

最新立法司法动态

法律、法律性文件与解读

中华人民共和国能源法

（2024年11月8日第十四届全国人民代表大会
常务委员会第十二次会议通过）

目　　录

第一章　总　　则

第一条　为了推动能源高质量发展，保障国家能源安全，促进经济社会绿色低碳转型和可持续发展，积极稳妥推进碳达峰碳中和，适应全面建设社会主义现代化国家需要，根据宪法，制定本法。

第二条 本法所称能源，是指直接或者通过加工、转换而取得有用能的各种资源，包括煤炭、石油、天然气、核能、水能、风能、太阳能、生物质能、地热能、海洋能以及电力、热力、氢能等。

第三条 能源工作应当坚持中国共产党的领导，贯彻新发展理念和总体国家安全观，统筹发展和安全，实施推动能源消费革命、能源供给革命、能源技术革命、能源体制革命和全方位加强国际合作的能源安全新战略，坚持立足国内、多元保障、节约优先、绿色发展，加快构建清洁低碳、安全高效的新型能源体系。

第四条 国家坚持多措并举、精准施策、科学管理、社会共治的原则，完善节约能源政策，加强节约能源管理，综合采取经济、技术、宣传教育等措施，促进经济社会发展全过程和各领域全面降低能源消耗，防止能源浪费。

第五条 国家完善能源开发利用政策，优化能源供应结构和消费结构，积极推动能源清洁低碳发展，提高能源利用效率。

国家建立能源消耗总量和强度双控向碳排放总量和强度双控全面转型新机制，加快构建碳排放总量和强度双控制度体系。

第六条 国家加快建立主体多元、统一开放、竞争有序、监管有效的能源市场体系，依法规范能源市场秩序，平等保护能源市场各类主体的合法权益。

第七条 国家完善能源产供储销体系，健全能源储备制度和能源应急机制，提升能源供给能力，保障能源安全、稳定、可靠、有效供给。

第八条 国家建立健全能源标准体系，保障能源安全和绿色低碳转型，促进能源新技术、新产业、新业态发展。

第九条 国家加强能源科技创新能力建设，支持能源开发利用的科技研究、应用示范和产业化发展，为能源高质量发展提供科技支撑。

第十条 国家坚持平等互利、合作共赢的方针，积极促进能源国际合作。

第十一条 县级以上人民政府应当加强对能源工作的组织领导和统筹协调，及时研究解决能源工作中的重大问题。

县级以上人民政府应当将能源工作纳入国民经济和社会发展规划、年度计划。

第十二条 国务院能源主管部门负责全国能源工作。国务院其他有关部门在各自职责范围内负责相关的能源工作。

县级以上地方人民政府能源主管部门负责本行政区域能源工作。县级以上地方人民政府其他有关部门在各自职责范围内负责本行政区域相关的能源工作。

第十三条 县级以上人民政府及其有关部门应当采取多种形式，加强对节约能源、能源安全和能源绿色低碳发展的宣传教育，增强全社会的节约能源意识、能源安全意识，促进形成绿色低碳的生产生活方式。

新闻媒体应当开展节约能源、能源安全和能源绿色低碳发展公益宣传。

第十四条 对在能源工作中做出突出贡献的单位和个人，按照国家有关规定给予表彰、奖励。

第二章 能源规划

第十五条 国家制定和完善能源规划，发挥能源规划对能源发展的引领、指导和规范作用。

能源规划包括全国综合能源规划、全国分领域能源规划、区域能源规划和省、自治区、直辖市能源规划等。

第十六条 全国综合能源规划由国务院能源主管部门会同国务院有关部门组织编制。全国综合能源规划应当依据国民经济和社会发展规划编制，并与国土空间规划等相关规划衔接。

全国分领域能源规划由国务院能源主管部门会同国务院有关部门依据全国综合能源规划组织编制。

国务院能源主管部门会同国务院有关部门和有关省、自治区、直辖市人民政府，根据区域经济社会发展需要和能源资源禀赋情况、能源生产消费特点、生态环境保护要求等，可以编制跨省、自治区、直辖市的区域能源规划。区域能源规划应当符合全国综合能源规划，并与相关全国分领域能源规划衔接。

第十七条　省、自治区、直辖市人民政府能源主管部门会同有关部门，依据全国综合能源规划、相关全国分领域能源规划、相关区域能源规划，组织编制本省、自治区、直辖市的能源规划。

设区的市级人民政府、县级人民政府需要编制能源规划的，按照省、自治区、直辖市人民政府的有关规定执行。

第十八条　编制能源规划，应当遵循能源发展规律，坚持统筹兼顾，强化科学论证。组织编制能源规划的部门应当征求有关部门、相关企业和行业组织以及有关专家等方面的意见。

能源规划应当明确规划期内能源发展的目标、主要任务、区域布局、重点项目、保障措施等内容。

第十九条　能源规划按照规定的权限和程序报经批准后实施。

经批准的能源规划应当按照规定予以公布。

第二十条　组织编制能源规划的部门应当就能源规划实施情况组织开展评估。根据评估结果确需对能源规划进行调整的，应当报经原批准机关同意，国家另有规定的除外。

第三章　能源开发利用

第二十一条　国家根据能源资源禀赋情况和经济社会可持续发展的需要，统筹保障能源安全、优化能源结构、促进能源转型和节约能源、保护生态环境等因素，分类制定和完善能源开发利用政策。

第二十二条 国家支持优先开发利用可再生能源，合理开发和清洁高效利用化石能源，推进非化石能源安全可靠有序替代化石能源，提高非化石能源消费比重。

国务院能源主管部门会同国务院有关部门制定非化石能源开发利用中长期发展目标，按年度监测非化石能源开发利用情况，并向社会公布。

第二十三条 国务院能源主管部门会同国务院有关部门制定并组织实施可再生能源在能源消费中的最低比重目标。

国家完善可再生能源电力消纳保障机制。供电企业、售电企业、相关电力用户和使用自备电厂供电的企业等应当按照国家有关规定，承担消纳可再生能源发电量的责任。

国务院能源主管部门会同国务院有关部门对可再生能源在能源消费中的最低比重目标以及可再生能源电力消纳责任的实施情况进行监测、考核。

第二十四条 国家统筹水电开发和生态保护，严格控制开发建设小型水电站。

开发建设和更新改造水电站，应当符合流域相关规划，统筹兼顾防洪、生态、供水、灌溉、航运等方面的需要。

第二十五条 国家推进风能、太阳能开发利用，坚持集中式与分布式并举，加快风电和光伏发电基地建设，支持分布式风电和光伏发电就近开发利用，合理有序开发海上风电，积极发展光热发电。

第二十六条 国家鼓励合理开发利用生物质能，因地制宜发展生物质发电、生物质能清洁供暖和生物液体燃料、生物天然气。

国家促进海洋能规模化开发利用，因地制宜发展地热能。

第二十七条 国家积极安全有序发展核电。

国务院能源主管部门会同国务院有关部门统筹协调全国核电发展和

布局，依据职责加强对核电站规划、选址、设计、建造、运行等环节的管理和监督。

第二十八条　国家优化煤炭开发布局和产业结构，鼓励发展煤矿矿区循环经济，优化煤炭消费结构，促进煤炭清洁高效利用，发挥煤炭在能源供应体系中的基础保障和系统调节作用。

第二十九条　国家采取多种措施，加大石油、天然气资源勘探开发力度，增强石油、天然气国内供应保障能力。

石油、天然气开发坚持陆上与海上并重，鼓励规模化开发致密油气、页岩油、页岩气、煤层气等非常规油气资源。

国家优化石油加工转换产业布局和结构，鼓励采用先进、集约的加工转换方式。

国家支持合理开发利用可替代石油、天然气的新型燃料和工业原料。

第三十条　国家推动燃煤发电清洁高效发展，根据电力系统稳定运行和电力供应保障的需要，合理布局燃煤发电建设，提高燃煤发电的调节能力。

第三十一条　国家加快构建新型电力系统，加强电源电网协同建设，推进电网基础设施智能化改造和智能微电网建设，提高电网对可再生能源的接纳、配置和调控能力。

第三十二条　国家合理布局、积极有序开发建设抽水蓄能电站，推进新型储能高质量发展，发挥各类储能在电力系统中的调节作用。

第三十三条　国家积极有序推进氢能开发利用，促进氢能产业高质量发展。

第三十四条　国家推动提高能源利用效率，鼓励发展分布式能源和多能互补、多能联供综合能源服务，积极推广合同能源管理等市场化节约能源服务，提高终端能源消费清洁化、低碳化、高效化、智能化水平。

国家通过实施可再生能源绿色电力证书等制度建立绿色能源消费促进机制，鼓励能源用户优先使用可再生能源等清洁低碳能源。

公共机构应当优先采购、使用可再生能源等清洁低碳能源以及节约能源的产品和服务。

第三十五条 能源企业、能源用户应当按照国家有关规定配备、使用能源和碳排放计量器具。

能源用户应当按照安全使用规范和有关节约能源的规定合理使用能源，依法履行节约能源的义务，积极参与能源需求响应，扩大绿色能源消费，自觉践行绿色低碳的生产生活方式。

国家加强能源需求侧管理，通过完善阶梯价格、分时价格等制度，引导能源用户合理调整用能方式、时间、数量等，促进节约能源和提高能源利用效率。

第三十六条 承担电力、燃气、热力等能源供应的企业，应当依照法律、法规和国家有关规定，保障营业区域内的能源用户获得安全、持续、可靠的能源供应服务，没有法定或者约定事由不得拒绝或者中断能源供应服务，不得擅自提高价格、违法收取费用、减少供应数量或者限制购买数量。

前款规定的企业应当公示服务规范、收费标准和投诉渠道等，并为能源用户提供公共查询服务。

第三十七条 国家加强能源基础设施建设和保护。任何单位或者个人不得从事危及能源基础设施安全的活动。

国务院能源主管部门会同国务院有关部门协调跨省、自治区、直辖市的石油、天然气和电力输送管网等能源基础设施建设；省、自治区、直辖市人民政府应当按照能源规划，预留能源基础设施建设用地、用海，并纳入国土空间规划。

石油、天然气、电力等能源输送管网设施运营企业应当提高能源输送管网的运行安全水平，保障能源输送管网系统运行安全。接入能源输送管网的设施设备和产品应当符合管网系统安全运行的要求。

第三十八条 国家按照城乡融合、因地制宜、多能互补、综合利用、提升服务的原则，鼓励和扶持农村的能源发展，重点支持革命老区、民族地区、边疆地区、欠发达地区农村的能源发展，提高农村的能源供应能力和服务水平。

县级以上地方人民政府应当统筹城乡能源基础设施和公共服务体系建设，推动城乡能源基础设施互联互通。

农村地区发生临时性能源供应短缺时，有关地方人民政府应当采取措施，优先保障农村生活用能和农业生产用能。

第三十九条 从事能源开发利用活动，应当遵守有关生态环境保护、安全生产和职业病防治等法律、法规的规定，减少污染物和温室气体排放，防止对生态环境的破坏，预防、减少生产安全事故和职业病危害。

第四章 能源市场体系

第四十条 国家鼓励、引导各类经营主体依法投资能源开发利用、能源基础设施建设等，促进能源市场发展。

第四十一条 国家推动能源领域自然垄断环节独立运营和竞争性环节市场化改革，依法加强对能源领域自然垄断性业务的监管和调控，支持各类经营主体依法按照市场规则公平参与能源领域竞争性业务。

第四十二条 国务院能源主管部门会同国务院有关部门协调推动全国统一的煤炭、电力、石油、天然气等能源交易市场建设，推动建立功能完善、运营规范的市场交易机构或者交易平台，依法拓展交易方式和交易产品范围，完善交易机制和交易规则。

第四十三条 县级以上人民政府及其有关部门应当强化统筹调度组织，保障能源运输畅通。

能源输送管网设施运营企业应当完善公平接入和使用机制，按照规定公开能源输送管网设施接入和输送能力以及运行情况的信息，向符合条件的企业等经营主体公平、无歧视开放并提供能源输送服务。

第四十四条 国家鼓励能源领域上下游企业通过订立长期协议等方式，依法按照市场化方式加强合作、协同发展，提升能源市场风险应对能力。

国家协同推进能源资源勘探、设计施工、装备制造、项目融资、流通贸易、资讯服务等高质量发展，提升能源领域上下游全链条服务支撑能力。

第四十五条 国家推动建立与社会主义市场经济体制相适应，主要由能源资源状况、产品和服务成本、市场供求状况、可持续发展状况等因素决定的能源价格形成机制。

依法实行政府定价或者政府指导价的能源价格，定价权限和具体适用范围以中央和地方的定价目录为依据。制定、调整实行政府定价或者政府指导价的能源价格，应当遵守《中华人民共和国价格法》等法律、行政法规和国家有关规定。能源企业应当按照规定及时、真实、准确提供价格成本等相关数据。

国家完善能源价格调控制度，提升能源价格调控效能，构建防范和应对能源市场价格异常波动风险机制。

第四十六条 国家积极促进能源领域国际投资和贸易合作，有效防范和应对国际能源市场风险。

第五章 能源储备和应急

第四十七条 国家按照政府主导、社会共建、多元互补的原则，建立健全高效协同的能源储备体系，科学合理确定能源储备的种类、规模和方式，发挥能源储备的战略保障、宏观调控和应对急需等功能。

第四十八条 能源储备实行政府储备和企业储备相结合，实物储备和产能储备、矿产地储备相统筹。

政府储备包括中央政府储备和地方政府储备，企业储备包括企业社会责任储备和企业其他生产经营库存。

能源储备的收储、轮换、动用，依照法律、行政法规和国家有关规定执行。

国家完善政府储备市场调节机制，采取有效措施应对市场大幅波动等风险。

第四十九条 政府储备承储运营机构应当依照法律、行政法规和国家有关规定，建立健全内部管理制度，加强储备管理，确保政府储备安全。

企业社会责任储备按照企业所有、政策引导、监管有效的原则建立。承担社会责任储备的能源企业应当按照规定的种类、数量等落实储备责任，并接受政府有关部门的监督管理。

能源产能储备的具体办法，由国务院能源主管部门会同国务院财政部门和其他有关部门制定。

能源矿产地储备的具体办法，由国务院自然资源主管部门会同国务院能源主管部门、国务院财政部门和其他有关部门制定。

第五十条 国家完善能源储备监管体制，加快能源储备设施建设，提高能源储备运营主体专业化水平，加强能源储备信息化建设，持续提升能源储备综合效能。

第五十一条 国家建立和完善能源预测预警体系，提高能源预测预警能力和水平，及时有效对能源供求变化、能源价格波动以及能源安全风险状况等进行预测预警。

能源预测预警信息由国务院能源主管部门发布。

第五十二条 国家建立统一领导、分级负责、协调联动的能源应急管理体制。

县级以上人民政府应当采取有效措施，加强能源应急体系建设，定期开展能源应急演练和培训，提高能源应急能力。

第五十三条 国务院能源主管部门会同国务院有关部门拟定全国的能源应急预案，报国务院批准后实施。

国务院能源主管部门会同国务院有关部门加强对跨省、自治区、直辖市能源应急工作的指导协调。

省、自治区、直辖市人民政府根据本行政区域的实际情况，制定本行政区域的能源应急预案。

设区的市级人民政府、县级人民政府能源应急预案的制定，由省、自治区、直辖市人民政府决定。

规模较大的能源企业和用能单位应当按照国家规定编制本单位能源应急预案。

第五十四条 出现能源供应严重短缺、供应中断等能源应急状态时，有关人民政府应当按照权限及时启动应急响应，根据实际情况和需要，可以依法采取下列应急处置措施：

（一）发布能源供求等相关信息；

（二）实施能源生产、运输、供应紧急调度或者直接组织能源生产、运输、供应；

（三）征用相关能源产品、能源储备设施、运输工具以及保障能源供应的其他物资；

（四）实施价格干预措施和价格紧急措施；

（五）按照规定组织投放能源储备；

（六）按照能源供应保障顺序组织实施能源供应；

（七）其他必要措施。

能源应急状态消除后，有关人民政府应当及时终止实施应急处置措施。

第五十五条 出现本法第五十四条规定的能源应急状态时，能源企业、能源用户以及其他有关单位和个人应当服从有关人民政府的统一指挥和安排，按照规定承担相应的能源应急义务，配合采取应急处置措施，协助维护能源市场秩序。

因执行能源应急处置措施给有关单位、个人造成损失的，有关人民政府应当依法予以补偿。

第六章　能源科技创新

第五十六条　国家制定鼓励和支持能源科技创新的政策措施，推动建立以国家战略科技力量为引领、企业为主体、市场为导向、产学研深度融合的能源科技创新体系。

第五十七条　国家鼓励和支持能源资源勘探开发、化石能源清洁高效利用、可再生能源开发利用、核能安全利用、氢能开发利用以及储能、节约能源等领域基础性、关键性和前沿性重大技术、装备及相关新材料的研究、开发、示范、推广应用和产业化发展。

能源科技创新应当纳入国家科技发展和高技术产业发展相关规划的重点支持领域。

第五十八条　国家制定和完善产业、金融、政府采购等政策，鼓励、引导社会资金投入能源科技创新。

第五十九条　国家建立重大能源科技创新平台，支持重大能源科技基础设施和能源技术研发、试验、检测、认证等公共服务平台建设，提高能源科技创新能力和服务能力。

第六十条　国家支持依托重大能源工程集中开展科技攻关和集成应用示范，推动产学研以及能源上下游产业链、供应链协同创新。

第六十一条　国家支持先进信息技术在能源领域的应用，推动能源生产和供应的数字化、智能化发展，以及多种能源协同转换与集成互补。

第六十二条 国家加大能源科技专业人才培养力度，鼓励、支持教育机构、科研机构与企业合作培养能源科技高素质专业人才。

第七章 监督管理

第六十三条 县级以上人民政府能源主管部门和其他有关部门应当按照职责分工，加强对有关能源工作的监督检查，及时查处违法行为。

第六十四条 县级以上人民政府能源主管部门和其他有关部门按照职责分工依法履行监督检查职责，可以采取下列措施：

（一）进入能源企业、调度机构、能源市场交易机构、能源用户等单位实施现场检查；

（二）询问与检查事项有关的人员，要求其对有关事项作出说明；

（三）查阅、复制与检查事项有关的文件、资料、电子数据；

（四）法律、法规规定的其他措施。

对能源主管部门和其他有关部门依法实施的监督检查，被检查单位及其有关人员应当予以配合，不得拒绝、阻碍。

能源主管部门和其他有关部门及其工作人员对监督检查过程中知悉的国家秘密、商业秘密、个人隐私和个人信息依法负有保密义务。

第六十五条 县级以上人民政府能源主管部门和其他有关部门应当加强能源监管协同，提升监管效能，并可以根据工作需要建立能源监管信息系统。

有关单位应当按照规定向能源主管部门和其他有关部门报送相关信息。

第六十六条 国务院能源主管部门会同国务院有关部门加强能源行业信用体系建设，按照国家有关规定建立信用记录制度。

第六十七条 因能源输送管网设施的接入、使用发生的争议，可以由省级以上人民政府能源主管部门进行协调，协调不成的，当事人可以向人民法院提起诉讼；当事人也可以直接向人民法院提起诉讼。

第六十八条 任何单位和个人对违反本法和其他有关能源的法律、法规的行为，有权向县级以上人民政府能源主管部门或者其他有关部门举报。接到举报的部门应当及时依法处理。

第八章 法律责任

第六十九条 县级以上人民政府能源主管部门或者其他有关部门的工作人员违反本法规定，滥用职权、玩忽职守、徇私舞弊的，依法给予处分。

第七十条 违反本法规定，承担电力、燃气、热力等能源供应的企业没有法定或者约定事由拒绝或者中断对营业区域内能源用户的能源供应服务，或者擅自提高价格、违法收取费用、减少供应数量、限制购买数量的，由县级以上人民政府能源主管部门或者其他有关部门按照职责分工责令改正，依法给予行政处罚；情节严重的，对有关主管人员和直接责任人员依法给予处分。

第七十一条 违反本法规定，能源输送管网设施运营企业未向符合条件的企业等经营主体公平、无歧视开放并提供能源输送服务的，由省级以上人民政府能源主管部门或者其他有关部门按照职责分工责令改正，给予警告或者通报批评；拒不改正的，处相关经营主体经济损失额二倍以下的罚款；情节严重的，对有关主管人员和直接责任人员依法给予处分。

第七十二条 违反本法规定，有下列情形之一的，由县级以上人民政府能源主管部门或者其他有关部门按照职责分工责令改正，给予警告或者通报批评；拒不改正的，处十万元以上二十万元以下的罚款：

（一）承担电力、燃气、热力等能源供应的企业未公示服务规范、收费标准和投诉渠道等，或者未为能源用户提供公共查询服务；

（二）能源输送管网设施运营企业未按照规定公开能源输送管网设施接入和输送能力以及运行情况信息；

（三）能源企业未按照规定提供价格成本等相关数据；

（四）有关单位未按照规定向能源主管部门或者其他有关部门报送相关信息。

第七十三条 违反本法规定，能源企业、能源用户以及其他有关单位或者个人在能源应急状态时不服从有关人民政府的统一指挥和安排、未按照规定承担能源应急义务或者不配合采取应急处置措施的，由县级以上人民政府能源主管部门或者其他有关部门按照职责分工责令改正，给予警告或者通报批评；拒不改正的，对个人处一万元以上五万元以下的罚款，对单位处十万元以上五十万元以下的罚款，并可以根据情节轻重责令停业整顿或者依法吊销相关许可证件。

第七十四条 违反本法规定，造成财产损失或者其他损害的，依法承担民事责任；构成违反治安管理行为的，依法给予治安管理处罚；构成犯罪的，依法追究刑事责任。

第九章　附　　则

第七十五条 本法中下列用语的含义：

（一）化石能源，是指由远古动植物化石经地质作用演变成的能源，包括煤炭、石油和天然气等。

（二）可再生能源，是指能够在较短时间内通过自然过程不断补充和再生的能源，包括水能、风能、太阳能、生物质能、地热能、海洋能等。

（三）非化石能源，是指不依赖化石燃料而获得的能源，包括可再生能源和核能。

（四）生物质能，是指利用自然界的植物和城乡有机废物通过生物、化学或者物理过程转化成的能源。

（五）氢能，是指氢作为能量载体进行化学反应释放出的能源。

第七十六条 军队的能源开发利用管理，按照国家和军队有关规定执行。

国家对核能开发利用另有规定的，适用其规定。

第七十七条 中华人民共和国缔结或者参加的涉及能源的国际条约与本法有不同规定的，适用国际条约的规定，但中华人民共和国声明保留的条款除外。

第七十八条 任何国家或者地区在可再生能源产业或者其他能源领域对中华人民共和国采取歧视性的禁止、限制或者其他类似措施的，中华人民共和国可以根据实际情况对该国家或者该地区采取相应的措施。

第七十九条 中华人民共和国境外的组织和个人实施危害中华人民共和国国家能源安全行为的，依法追究法律责任。

第八十条 本法自 2025 年 1 月 1 日起施行。

行政法规、法规性文件与解读

军人抚恤优待条例

（2004年8月1日中华人民共和国国务院、中华人民共和国中央军事委员会令第413号公布　根据2011年7月29日《国务院、中央军事委员会关于修改〈军人抚恤优待条例〉的决定》第一次修订　根据2019年3月2日《国务院关于修改部分行政法规的决定》第二次修订　2024年8月5日中华人民共和国国务院、中华人民共和国中央军事委员会令第788号第三次修订）

第一章　总　　则

第一条　为了保障国家对军人的抚恤优待，激励军人保卫祖国、建设祖国的献身精神，加强国防和军队现代化建设，让军人成为全社会尊崇的职业，根据《中华人民共和国国防法》、《中华人民共和国兵役法》、《中华人民共和国军人地位和权益保障法》、《中华人民共和国退役军人保障法》等有关法律，制定本条例。

第二条　本条例所称抚恤优待对象包括：

（一）军人；

（二）服现役和退出现役的残疾军人；

（三）烈士遗属、因公牺牲军人遗属、病故军人遗属；

（四）军人家属；

（五）退役军人。

第三条 军人抚恤优待工作坚持中国共产党的领导。

军人抚恤优待工作应当践行社会主义核心价值观，贯彻待遇与贡献匹配、精神与物质并重、关爱与服务结合的原则，分类保障，突出重点，逐步推进抚恤优待制度城乡统筹，健全抚恤优待标准动态调整机制，确保抚恤优待保障水平与经济社会发展水平、国防和军队建设需要相适应。

第四条 国家保障抚恤优待对象享受社会保障和基本公共服务等公民普惠待遇，同时享受相应的抚恤优待待遇。

在审核抚恤优待对象是否符合享受相应社会保障和基本公共服务等条件时，抚恤金、补助金和优待金不计入抚恤优待对象个人和家庭收入。

第五条 国务院退役军人工作主管部门负责全国的军人抚恤优待工作；县级以上地方人民政府退役军人工作主管部门负责本行政区域内的军人抚恤优待工作。

中央和国家有关机关、中央军事委员会有关部门、地方各级有关机关应当在各自职责范围内做好军人抚恤优待工作。

第六条 按照中央与地方财政事权和支出责任划分原则，军人抚恤优待所需经费主要由中央财政负担，适度加大省级财政投入力度，减轻基层财政压力。

县级以上地方人民政府应当对军人抚恤优待工作经费予以保障。

中央和地方财政安排的军人抚恤优待所需经费和工作经费，实施全过程预算绩效管理，并接受财政、审计部门的监督。

第七条 国家鼓励和引导群团组织、企业事业单位、社会组织、个人等社会力量依法通过捐赠、设立基金、志愿服务等方式为军人抚恤优待工作提供支持和帮助。

全社会应当关怀、尊重抚恤优待对象，开展各种形式的拥军优属活动，营造爱国拥军、尊崇军人浓厚氛围。

第八条 国家推进军人抚恤优待工作信息化，加强抚恤优待对象综合信息平台建设，加强部门协同配合、信息共享，实现对抚恤优待对象的精准识别，提升军人抚恤优待工作服务能力和水平。

国家建立享受定期抚恤补助对象年度确认制度和冒领待遇追责机制，确保抚恤优待资金准确发放。

第九条 对在军人抚恤优待工作中做出显著成绩的单位和个人，按照国家有关规定给予表彰和奖励。

第二章 军人死亡抚恤

第十条 烈士遗属享受烈士褒扬金、一次性抚恤金，并可以按照规定享受定期抚恤金、丧葬补助、一次性特别抚恤金等。

因公牺牲军人遗属、病故军人遗属享受一次性抚恤金，并可以按照规定享受定期抚恤金、丧葬补助、一次性特别抚恤金等。

第十一条 军人牺牲，符合下列情形之一的，评定为烈士：

（一）对敌作战牺牲，或者对敌作战负伤在医疗终结前因伤牺牲的；

（二）因执行任务遭敌人或者犯罪分子杀害，或者被俘、被捕后不屈遭敌人杀害或者被折磨牺牲的；

（三）为抢救和保护国家财产、集体财产、公民生命财产或者执行反恐怖任务和处置突发事件牺牲的；

（四）因执行军事演习、战备航行飞行、空降和导弹发射训练、试航试飞任务以及参加武器装备科研试验牺牲的；

（五）在执行外交任务或者国家派遣的对外援助、维持国际和平任务中牺牲的；

（六）其他牺牲情节特别突出，堪为楷模的。

军人在执行对敌作战、维持国际和平、边海防执勤或者抢险救灾等任务中失踪，被宣告死亡的，按照烈士对待。

评定烈士，属于因战牺牲的，由军队团级以上单位政治工作部门批准；属于非因战牺牲的，由军队军级以上单位政治工作部门批准；属于本条第一款第六项规定情形的，由中央军事委员会政治工作部批准。

第十二条 军人死亡，符合下列情形之一的，确认为因公牺牲：

（一）在执行任务中、工作岗位上或者在上下班途中，由于意外事件死亡的；

（二）被认定为因战、因公致残后因旧伤复发死亡的；

（三）因患职业病死亡的；

（四）在执行任务中或者在工作岗位上因病猝然死亡的；

（五）其他因公死亡的。

军人在执行对敌作战、维持国际和平、边海防执勤或者抢险救灾以外的其他任务中失踪，被宣告死亡的，按照因公牺牲对待。

军人因公牺牲，由军队团级以上单位政治工作部门确认；属于本条第一款第五项规定情形的，由军队军级以上单位政治工作部门确认。

第十三条 军人除本条例第十二条第一款第三项、第四项规定情形以外，因其他疾病死亡的，确认为病故。

军人非执行任务死亡，或者失踪被宣告死亡的，按照病故对待。

军人病故，由军队团级以上单位政治工作部门确认。

第十四条 军人牺牲被评定为烈士、确认为因公牺牲或者病故后，由军队有关部门或者单位向烈士遗属、因公牺牲军人遗属、病故军人遗属户籍所在地县级人民政府退役军人工作主管部门发送《烈士评定通知书》、《军人因公牺牲通知书》、《军人病故通知书》和《军人因公牺牲证明书》、《军人病故证明书》。烈士证书的颁发按照《烈士褒扬条例》的规定执行，《军人因公牺牲证明书》、《军人病故证明书》由本条规定的县级人民政府退役军人工作主管部门发给因公牺牲军人遗属、病故军人遗属。

遗属均为军人且无户籍的，军人单位所在地作为遗属户籍地。

第十五条 烈士褒扬金由领取烈士证书的烈士遗属户籍所在地县级

人民政府退役军人工作主管部门，按照烈士牺牲时上一年度全国城镇居民人均可支配收入30倍的标准发给其遗属。战时，参战牺牲的烈士褒扬金标准可以适当提高。

军人死亡，根据其死亡性质和死亡时的月基本工资标准，由收到《烈士评定通知书》、《军人因公牺牲通知书》、《军人病故通知书》的县级人民政府退役军人工作主管部门，按照以下标准发给其遗属一次性抚恤金：烈士和因公牺牲的，为上一年度全国城镇居民人均可支配收入的20倍加本人40个月的基本工资；病故的，为上一年度全国城镇居民人均可支配收入的2倍加本人40个月的基本工资。月基本工资或者津贴低于少尉军官基本工资标准的，按照少尉军官基本工资标准计算。被追授军衔的，按照所追授的军衔等级以及相应待遇级别确定月基本工资标准。

第十六条　服现役期间获得功勋荣誉表彰的军人被评定为烈士、确认为因公牺牲或者病故的，其遗属在应当享受的一次性抚恤金的基础上，由县级人民政府退役军人工作主管部门按照下列比例增发一次性抚恤金：

（一）获得勋章或者国家荣誉称号的，增发40%；

（二）获得党中央、国务院、中央军事委员会单独或者联合授予荣誉称号的，增发35%；

（三）立一等战功、获得一级表彰或者获得中央军事委员会授权的单位授予荣誉称号的，增发30%；

（四）立二等战功、一等功或者获得二级表彰并经批准的，增发25%；

（五）立三等战功或者二等功的，增发15%；

（六）立四等战功或者三等功的，增发5%。

军人死亡后被追授功勋荣誉表彰的，比照前款规定增发一次性抚恤金。

服现役期间多次获得功勋荣誉表彰的烈士、因公牺牲军人、病故军人，其遗属由县级人民政府退役军人工作主管部门按照其中最高的增发比例，增发一次性抚恤金。

第十七条 对生前作出特殊贡献的烈士、因公牺牲军人、病故军人，除按照本条例规定发给其遗属一次性抚恤金外，军队可以按照有关规定发给其遗属一次性特别抚恤金。

第十八条 烈士褒扬金发给烈士的父母（抚养人）、配偶、子女；没有父母（抚养人）、配偶、子女的，发给未满 18 周岁的兄弟姐妹和已满 18 周岁但无生活费来源且由该军人生前供养的兄弟姐妹。

一次性抚恤金发给烈士遗属、因公牺牲军人遗属、病故军人遗属，遗属的范围按照前款规定确定。

第十九条 对符合下列条件的烈士遗属、因公牺牲军人遗属、病故军人遗属，由其户籍所在地县级人民政府退役军人工作主管部门依据其申请，在审核确认其符合条件当月起发给定期抚恤金：

（一）父母（抚养人）、配偶无劳动能力、无生活费来源，或者收入水平低于当地居民平均生活水平的；

（二）子女未满 18 周岁或者已满 18 周岁但因上学或者残疾无生活费来源的；

（三）兄弟姐妹未满 18 周岁或者已满 18 周岁但因上学无生活费来源且由该军人生前供养的。

定期抚恤金标准应当参照上一年度全国居民人均可支配收入水平确定，具体标准及其调整办法，由国务院退役军人工作主管部门会同国务院财政部门规定。

第二十条 烈士、因公牺牲军人、病故军人生前的配偶再婚后继续赡养烈士、因公牺牲军人、病故军人父母（抚养人），继续抚养烈士、因公牺牲军人、病故军人生前供养的未满 18 周岁或者已满 18 周岁但无劳动能力且无生活费来源的兄弟姐妹的，由其户籍所在地县级人民政府退役军人工作主管部门继续发放定期抚恤金。

第二十一条 对领取定期抚恤金后生活仍有特殊困难的烈士遗属、

因公牺牲军人遗属、病故军人遗属，县级以上地方人民政府可以增发抚恤金或者采取其他方式予以困难补助。

第二十二条 享受定期抚恤金的烈士遗属、因公牺牲军人遗属、病故军人遗属死亡的，继续发放6个月其原享受的定期抚恤金，作为丧葬补助。

第二十三条 军人失踪被宣告死亡的，在其被评定为烈士、确认为因公牺牲或者病故后，又经法定程序撤销对其死亡宣告的，由原评定或者确认机关取消其烈士、因公牺牲军人或者病故军人资格，并由发证机关收回有关证件，终止其家属原享受的抚恤待遇。

第三章 军人残疾抚恤

第二十四条 残疾军人享受残疾抚恤金，并可以按照规定享受供养待遇、护理费等。

第二十五条 军人残疾，符合下列情形之一的，认定为因战致残：

（一）对敌作战负伤致残的；

（二）因执行任务遭敌人或者犯罪分子伤害致残，或者被俘、被捕后不屈遭敌人伤害或者被折磨致残的；

（三）为抢救和保护国家财产、集体财产、公民生命财产或者执行反恐怖任务和处置突发事件致残的；

（四）因执行军事演习、战备航行飞行、空降和导弹发射训练、试航试飞任务以及参加武器装备科研试验致残的；

（五）在执行外交任务或者国家派遣的对外援助、维持国际和平任务中致残的；

（六）其他因战致残的。

军人残疾，符合下列情形之一的，认定为因公致残：

（一）在执行任务中、工作岗位上或者在上下班途中，由于意外事件致残的；

（二）因患职业病致残的；

（三）在执行任务中或者在工作岗位上突发疾病受伤致残的；

（四）其他因公致残的。

义务兵和初级军士除前款第二项、第三项规定情形以外，因其他疾病导致残疾的，认定为因病致残。

第二十六条 残疾的等级，根据劳动功能障碍程度和生活自理障碍程度确定，由重到轻分为一级至十级。

残疾等级的具体评定标准由国务院退役军人工作主管部门会同国务院人力资源社会保障部门、卫生健康部门和军队有关部门规定。

第二十七条 军人因战、因公致残经治疗伤情稳定后，符合评定残疾等级条件的，应当及时评定残疾等级。义务兵和初级军士因病致残经治疗病情稳定后，符合评定残疾等级条件的，本人（无民事行为能力人或者限制民事行为能力人由其监护人）或者所在单位应当及时提出申请，在服现役期间评定残疾等级。

因战、因公致残，残疾等级被评定为一级至十级的，享受抚恤；因病致残，残疾等级被评定为一级至六级的，享受抚恤。评定残疾等级的，从批准当月起发给残疾抚恤金。

第二十八条 因战、因公、因病致残性质的认定和残疾等级的评定权限是：

（一）义务兵和初级军士的残疾，由军队军级以上单位卫生部门会同相关部门认定和评定；

（二）军官、中级以上军士的残疾，由军队战区级以上单位卫生部门会同相关部门认定和评定；

（三）退出现役的军人和移交政府安置的军队离休退休干部、退休军士需要认定残疾性质和评定残疾等级的，由省级人民政府退役军人工作主管部门认定和评定。

评定残疾等级，应当依据医疗卫生专家小组出具的残疾等级医学鉴定意见。

残疾军人由认定残疾性质和评定残疾等级的机关发给《中华人民共和国残疾军人证》。

第二十九条 军人因战、因公致残，未及时评定残疾等级，退出现役后，本人（无民事行为能力人或者限制民事行为能力人由其监护人）应当及时申请补办评定残疾等级；凭原始档案记载及原始病历能够证明服现役期间的残情和伤残性质符合评定残疾等级条件的，可以评定残疾等级。

被诊断、鉴定为职业病或者因体内残留弹片致残，符合残疾等级评定条件的，可以补办评定残疾等级。

军人被评定残疾等级后，在服现役期间或者退出现役后原致残部位残疾情况发生明显变化，原定残疾等级与残疾情况明显不符，本人（无民事行为能力人或者限制民事行为能力人由其监护人）申请或者军队卫生部门、地方人民政府退役军人工作主管部门提出需要调整残疾等级的，可以重新评定残疾等级。申请调整残疾等级应当在上一次评定残疾等级1年后提出。

第三十条 退出现役的残疾军人或者向政府移交的残疾军人，应当自军队办理退役手续或者移交手续后60日内，向户籍迁入地县级人民政府退役军人工作主管部门申请转入抚恤关系，按照残疾性质和等级享受残疾抚恤金。其退役或者向政府移交当年的残疾抚恤金由所在部队发给，迁入地县级人民政府退役军人工作主管部门从下一年起按照当地的标准发给。

因工作需要继续服现役的残疾军人，经军队军级以上单位批准，由所在部队按照规定发给残疾抚恤金。

第三十一条 残疾军人的抚恤金标准应当参照上一年度全国城镇单位就业人员年平均工资水平确定。残疾抚恤金的标准以及一级至十级残疾军人享受残疾抚恤金的具体办法，由国务院退役军人工作主管部门会同国务院财政部门规定。

对领取残疾抚恤金后生活仍有特殊困难的残疾军人，县级以上地方人民政府可以增发抚恤金或者采取其他方式予以困难补助。

第三十二条 退出现役的因战、因公致残的残疾军人因旧伤复发死亡的，由县级人民政府退役军人工作主管部门按照因公牺牲军人的抚恤金标准发给其遗属一次性抚恤金，其遗属按照国家规定享受因公牺牲军人遗属定期抚恤金待遇。

退出现役的残疾军人因病死亡的，对其遗属继续发放 12 个月其原享受的残疾抚恤金，作为丧葬补助；其中，因战、因公致残的一级至四级残疾军人因病死亡的，其遗属按照国家规定享受病故军人遗属定期抚恤金待遇。

第三十三条 退出现役时为一级至四级的残疾军人，由国家供养终身；其中，对需要长年医疗或者独身一人不便分散供养的，经省级人民政府退役军人工作主管部门批准，可以集中供养。

第三十四条 对退出现役时分散供养的一级至四级、退出现役后补办或者调整为一级至四级、服现役期间因患精神障碍评定为五级至六级的残疾军人发给护理费，护理费的标准为：

（一）因战、因公一级和二级残疾的，为当地上一年度城镇单位就业人员月平均工资的 50%；

（二）因战、因公三级和四级残疾的，为当地上一年度城镇单位就业人员月平均工资的 40%；

（三）因病一级至四级残疾的，为当地上一年度城镇单位就业人员月平均工资的 30%；

（四）因精神障碍五级至六级残疾的，为当地上一年度城镇单位就业人员月平均工资的 25%。

退出现役并移交地方的残疾军人的护理费，由县级以上地方人民政府退役军人工作主管部门发给。未退出现役或者未移交地方的残疾军人的护理费，由所在部队按照军队有关规定发给。移交政府安置的离休退休残疾军人的护理费，按照国家和军队有关规定执行。

享受护理费的残疾军人在优抚医院集中收治期间，护理费由优抚医院统筹使用。享受护理费的残疾军人在部队期间，由单位从地方购买照护服务的，护理费按照规定由单位纳入购买社会服务费用统一管理使用。

第三十五条 残疾军人因残情需要配制假肢、轮椅、助听器等康复辅助器具，正在服现役的，由军队军级以上单位负责解决；退出现役的，由省级人民政府退役军人工作主管部门负责解决，所需经费由省级人民政府保障。

第四章 优 待

第三十六条 抚恤优待对象依法享受家庭优待金、荣誉激励、关爱帮扶，以及教育、医疗、就业、住房、养老、交通、文化等方面的优待。

第三十七条 国家完善抚恤优待对象表彰、奖励办法，构建精神与物质并重的荣誉激励制度体系，建立抚恤优待对象荣誉激励机制，健全邀请参加重大庆典活动、开展典型宣传、悬挂光荣牌、制发优待证、送喜报、载入地方志、组织短期疗养等政策制度。

第三十八条 国家建立抚恤优待对象关爱帮扶机制，逐步完善抚恤优待对象生活状况信息档案登记制度，有条件的地方可以设立退役军人关爱基金，充分利用退役军人关爱基金等开展帮扶援助，加大对生活发生重大变故、遇到特殊困难的抚恤优待对象的关爱帮扶力度。

乡镇人民政府、街道办事处通过入户走访等方式，主动了解本行政区域抚恤优待对象的生活状况，及时发现生活困难的抚恤优待对象，提供协助申请、组织帮扶等服务。基层群众性自治组织应当协助做好抚恤优待对象的走访帮扶工作。鼓励发挥社会组织、社会工作者和志愿者作用，为抚恤优待对象提供心理疏导、精神抚慰、法律援助、人文关怀等服务。县级以上人民政府应当采取措施，为乡镇人民政府、街道办事处以及基层群众性自治组织开展相关工作提供条件和支持。

第三十九条 国家对烈士遗属逐步加大教育、医疗、就业、养老、住房、交通、文化等方面的优待力度。

国务院有关部门、军队有关部门和地方人民政府应当关心烈士遗属的生活情况，开展走访慰问，及时给予烈士遗属荣誉激励和精神抚慰。

烈士子女符合公务员、社区专职工作人员考录、聘用条件的，在同等条件下优先录用或者聘用。

第四十条 烈士、因公牺牲军人、病故军人的子女、兄弟姐妹以及军人子女，本人自愿应征并且符合征兵条件的，优先批准服现役；报考军队文职人员的，按照规定享受优待。

第四十一条 国家兴办优抚医院、光荣院，按照规定为抚恤优待对象提供优待服务。县级以上人民政府应当充分利用现有医疗和养老服务资源，因地制宜加强优抚医院、光荣院建设，收治或者集中供养孤老、生活不能自理的退役军人。

参战退役军人、烈士遗属、因公牺牲军人遗属、病故军人遗属和军人家属，符合规定条件申请在国家兴办的优抚医院、光荣院集中供养、住院治疗、短期疗养的，享受优先、优惠待遇。

各类社会福利机构应当优先接收抚恤优待对象。烈士遗属、因公牺牲军人遗属、病故军人遗属和军人家属，符合规定条件申请入住公办养老机构的，同等条件下优先安排。

第四十二条 国家建立中央和地方财政分级负担的义务兵家庭优待金制度，义务兵服现役期间，其家庭由批准入伍地县级人民政府发给优待金，同时按照规定享受其他优待。

义务兵和军士入伍前依法取得的农村土地承包经营权，服现役期间应当保留。

义务兵从部队发出的平信，免费邮递。

第四十三条 烈士子女报考普通高中、中等职业学校、高等学校，按照《烈士褒扬条例》等法律法规和国家有关规定享受优待。在公办幼儿园和公办学校就读的，按照国家有关规定享受各项学生资助等政策。

因公牺牲军人子女、一级至四级残疾军人子女报考普通高中、中等职业学校、高等学校，在录取时按照国家有关规定给予优待；接受学历教育的，按照国家有关规定享受各项学生资助等政策。

军人子女入读公办义务教育阶段学校和普惠性幼儿园，可以在本人、父母、祖父母、外祖父母或者其他法定监护人户籍所在地，或者父母居住地、部队驻地入学，享受当地军人子女教育优待政策；报考普通高中、中等职业学校、高等学校，按照国家有关规定优先录取；接受学历教育的，按照国家有关规定享受各项学生资助等政策。地方各级人民政府及其有关部门应当按照法律法规和国家有关规定为军人子女创造接受良好教育的条件。

残疾军人、义务兵和初级军士退出现役后，报考中等职业学校和高等学校，按照国家有关规定享受优待。优先安排残疾军人参加学习培训，按照规定享受国家资助政策。退役军人按照规定免费参加教育培训。符合条件的退役大学生士兵复学、转专业、攻读硕士研究生等，按照国家有关规定享受优待政策。

抚恤优待对象享受教育优待的具体办法由国务院退役军人工作主管部门会同国务院教育部门规定。

第四十四条　国家对一级至六级残疾军人的医疗费用按照规定予以保障，其中参加工伤保险的一级至六级残疾军人旧伤复发的医疗费用，由工伤保险基金支付。

七级至十级残疾军人旧伤复发的医疗费用，已经参加工伤保险的，由工伤保险基金支付；未参加工伤保险，有工作单位的由工作单位解决，没有工作单位的由当地县级以上地方人民政府负责解决。七级至十级残疾军人旧伤复发以外的医疗费用，未参加医疗保险且本人支付有困难的，由当地县级以上地方人民政府酌情给予补助。

抚恤优待对象在军队医疗卫生机构和政府举办的医疗卫生机构按照规定享受优待服务，国家鼓励社会力量举办的医疗卫生机构为抚恤优待对象就医提供优待服务。参战退役军人、残疾军人按照规定享受医疗优惠。

抚恤优待对象享受医疗优待和优惠的具体办法由国务院退役军人工作主管部门和中央军事委员会后勤保障部会同国务院财政、卫生健康、医疗保障等部门规定。

中央财政对地方给予适当补助，用于帮助解决抚恤优待对象的医疗费用困难问题。

第四十五条 义务兵和军士入伍前是机关、群团组织、事业单位或者国有企业工作人员，退出现役后以自主就业方式安置的，可以选择复职复工，其工资、福利待遇不得低于本单位同等条件工作人员的平均水平；服现役期间，其家属继续享受该单位工作人员家属的有关福利待遇。

残疾军人、义务兵和初级军士退出现役后，报考公务员的，按照国家有关规定享受优待。

第四十六条 国家依法保障军人配偶就业安置权益。机关、群团组织、企业事业单位、社会组织和其他组织，应当依法履行接收军人配偶就业安置的义务。经军队团级以上单位政治工作部门批准随军的军官家属、军士家属，由驻军所在地公安机关办理落户手续。

军人配偶随军前在机关或者事业单位工作的，由安置地人民政府及其主管部门按照国家有关规定，安排到相应的工作单位。其中，随军前是公务员的，采取转任等方式，在规定的编制限额和职数内，结合当地和随军家属本人实际情况，原则上安置到机关相应岗位；随军前是事业单位工作人员的，采取交流方式，在规定的编制限额和设置的岗位数内，结合当地和随军家属本人实际情况，原则上安置到事业单位相应岗位。经个人和接收单位双向选择，也可以按照规定安置到其他单位适宜岗位。

军人配偶随军前在其他单位工作或者无工作单位且有就业能力和就业意愿的，由安置地人民政府提供职业指导、职业介绍、职业培训等就业服务，按照规定落实相关扶持政策，帮助其实现就业。

烈士遗属、因公牺牲军人遗属和符合规定条件的军人配偶，当地人民政府应当优先安排就业。符合条件的军官和军士退出现役时，其配偶和子女可以按照国家有关规定随调随迁。

第四十七条 国家鼓励有用工需求的用人单位优先安排随军家属就业。国有企业在新招录职工时，应当按照用工需求的适当比例聘用随军家属；有条件的民营企业在新招录职工时，可以按照用工需求的适当比例聘用随军家属。

国家鼓励和扶持有条件、有意愿的军人配偶自主就业、自主创业，按照规定落实相关扶持政策。

第四十八条 驻边疆国境的县（市）、沙漠区、国家确定的边远地区中的三类地区和军队确定的特、一、二类岛屿部队的军官、军士，其符合随军条件无法随军的家属，可以选择在军人、军人配偶原户籍所在地或者军人父母、军人配偶父母户籍所在地自愿落户，所在地人民政府应当妥善安置。

第四十九条 随军的烈士遗属、因公牺牲军人遗属、病故军人遗属，移交地方人民政府安置的，享受本条例和当地人民政府规定的优待。

第五十条 退出现役后，在机关、群团组织、企业事业单位和社会组织工作的残疾军人，享受与所在单位工伤人员同等的生活福利和医疗待遇。所在单位不得因其残疾将其辞退、解除聘用合同或者劳动合同。

第五十一条 国家适应住房保障制度改革发展要求，逐步完善抚恤优待对象住房优待办法，适当加大对参战退役军人、烈士遗属、因公牺牲军人遗属、病故军人遗属的优待力度。符合当地住房保障条件的抚恤优待对象承租、购买保障性住房的，县级以上地方人民政府有关部门应当给予优先照顾。居住农村的符合条件的抚恤优待对象，同等条件下优先纳入国家或者地方实施的农村危房改造相关项目范围。

第五十二条 军人凭军官证、军士证、义务兵证、学员证等有效证件，残疾军人凭《中华人民共和国残疾军人证》，烈士遗属、因公牺牲军人遗属、病故军人遗属凭优待证，乘坐境内运行的铁路旅客列车、轮船、长途客运班车和民航班机，享受购票、安检、候乘、通行等优先服务，随同出行的家属可以一同享受优先服务；残疾军人享受减收国内运输经营者对外公布票价 50%的优待。

军人、残疾军人凭证免费乘坐市内公共汽车、电车、轮渡和轨道交通工具。

第五十三条 抚恤优待对象参观游览图书馆、博物馆、美术馆、科技馆、纪念馆、体育场馆等公共文化设施和公园、展览馆、名胜古迹等按照规定享受优待及优惠服务。

第五十四条 军人依法享受个人所得税优惠政策。退役军人从事个体经营或者企业招用退役军人，符合条件的，依法享受税收优惠。

第五章 法律责任

第五十五条 军人抚恤优待管理单位及其工作人员挪用、截留、私分军人抚恤优待所需经费和工作经费，构成犯罪的，依法追究相关责任人员的刑事责任；尚不构成犯罪的，对相关责任人员依法给予处分。被挪用、截留、私分的军人抚恤优待所需经费和工作经费，由上一级人民政府退役军人工作主管部门、军队有关部门责令追回。

第五十六条 军人抚恤优待管理单位及其工作人员、参与军人抚恤优待工作的单位及其工作人员有下列行为之一的，由其上级主管部门责令改正；情节严重，构成犯罪的，依法追究相关责任人员的刑事责任；尚不构成犯罪的，对相关责任人员依法给予处分：

（一）违反规定审批军人抚恤待遇的；

（二）在审批军人抚恤待遇工作中出具虚假诊断、鉴定、证明的；

（三）不按照规定的标准、数额、对象审批或者发放抚恤金、补助金、优待金的；

（四）在军人抚恤优待工作中利用职权谋取私利的；

（五）有其他违反法律法规行为的。

第五十七条 负有军人优待义务的单位不履行优待义务的，由县级以上地方人民政府退役军人工作主管部门责令限期履行义务；逾期仍未履行的，处以2万元以上5万元以下罚款；对直接负责的主管人员和其他直接责任人员，依法给予处分。因不履行优待义务使抚恤优待对象受到损失的，应当依法承担赔偿责任。

第五十八条 抚恤优待对象及其他人员有下列行为之一的，由县级以上地方人民政府退役军人工作主管部门、军队有关部门取消相关待遇、追缴违法所得，并由其所在单位或者有关部门依法给予处分；构成犯罪的，依法追究刑事责任：

（一）冒领抚恤金、补助金、优待金的；

（二）伪造残情、伤情、病情骗取医药费等费用或者相关抚恤优待待遇的；

（三）出具虚假证明，伪造证件、印章骗取抚恤金、补助金、优待金的；

（四）其他弄虚作假骗取抚恤优待待遇的。

第五十九条 抚恤优待对象被判处有期徒刑、剥夺政治权利或者被通缉期间，中止发放抚恤金、补助金；被判处死刑、无期徒刑以及被军队开除军籍的，取消其抚恤优待资格。

抚恤优待对象有前款规定情形的，由省级人民政府退役军人工作主管部门按照国家有关规定中止或者取消其抚恤优待相关待遇，报国务院退役军人工作主管部门备案。

第六章 附 则

第六十条 本条例适用于中国人民武装警察部队。

第六十一条 军队离休退休干部和退休军士的抚恤优待，按照本条例有关军人抚恤优待的规定执行。

参试退役军人参照本条例有关参战退役军人的规定执行。

因参战以及参加非战争军事行动、军事训练和执行军事勤务伤亡的预备役人员、民兵、民工、其他人员的抚恤，参照本条例的有关规定办理。

第六十二条 国家按照规定为符合条件的参战退役军人、带病回乡退役军人、年满 60 周岁农村籍退役士兵、1954 年 10 月 31 日之前入伍后经批准退出现役的人员，以及居住在农村和城镇无工作单位且年满 60 周岁、在国家建立定期抚恤金制度时已满 18 周岁的烈士子女，发放定期生活补助。

享受国家定期生活补助的参战退役军人去世后，继续发放 6 个月其原享受的定期生活补助，作为丧葬补助。

第六十三条 深化国防和军队改革期间现役军人转改的文职人员，按照本条例有关军人抚恤优待的规定执行。

其他文职人员因在作战和有作战背景的军事行动中承担支援保障任务、参加非战争军事行动以及军级以上单位批准且列入军事训练计划的军事训练伤亡的抚恤优待，参照本条例的有关规定办理。

第六十四条 本条例自 2024 年 10 月 1 日起施行。

工业和信息化部
关于印发《通信建设工程安全生产管理规定》的通知

2025年3月5日　　　　工信部通信〔2025〕51号

各省、自治区、直辖市通信管理局，中国电信集团有限公司、中国移动通信集团有限公司、中国联合网络通信集团有限公司、中国广播电视网络集团有限公司、中国铁塔股份有限公司，各有关单位：

为贯彻落实《中华人民共和国安全生产法》，进一步加强通信建设工程安全生产工作，工业和信息化部对《通信建设工程安全生产管理规定》（工信部通信〔2015〕406号）进行了修订，现印发给你们，请遵照执行。

各地通信管理局要结合通信建设市场发展的实际情况，将《通信建设工程安全生产管理规定》作为强化监管的重要依据，进一步加强安全隐患排查治理，压紧压实相关建设单位主体责任，全面开展督导检查，筑牢安全生产防线，以高水平安全支撑信息通信业高质量发展。

通信建设工程安全生产管理规定

第一章 总 则

第一条 为加强通信建设工程安全生产管理，保障人民群众生命和财产安全，明确安全生产责任，防止和减少生产安全事故，根据《中华人民共和国安全生产法》《建设工程安全生产管理条例》《生产安全事故报告和调查处理条例》等法律、法规，结合通信建设工程的特点，制定本规定。

第二条 在中华人民共和国境内从事公用电信网新建、改建、扩建、拆除及其配套设施建设和拆除等活动，以及实施对通信建设工程安全生产的监督管理，须遵守本规定。

涉及通信机房、钢塔桅等专业的建设和拆除活动，以及对此类工程安全生产的监督管理，遵守相关专业规定。

第三条 通信建设工程安全生产工作应当以人为本，坚持人民至上、生命至上，把保护人民生命安全摆在首位，树牢安全发展理念，坚持安全第一、预防为主、综合治理的方针，从源头上防范化解重大安全风险。

通信建设工程安全生产工作实行管行业必须管安全、管业务必须管安全、管生产经营必须管安全，强化和落实单位主体责任与政府监管责任，建立单位负责、职工参与、政府监管、行业自律和社会监督的机制。

第四条 通信建设工程建设、勘察、设计、施工、监理等单位（以下简称安全生产责任主体），必须遵守安全生产法律、法规和本规定，执行保障生产安全的国家标准、行业标准，推进安全生产标准化和信息化建设，构建安全风险分级管控和隐患排查治理双重预防机制，健全风险防范化解机制，确保通信建设工程安全生产，依法承担安全生产责任。

鼓励有条件的单位通过信息化、数字化和智能化技术提升安全生产管理和监管能力。

通信建设工程实行工程总承包的，总承包单位和分包单位同属安全生产责任主体的范围，均应遵守本规定相关要求。

第二章　安全生产责任

第五条　通信建设工程安全生产责任主体应建立健全全员安全生产责任制和安全生产规章制度，明确各岗位的责任人员、责任范围和考核标准等内容，确保全员安全生产责任制和各项安全生产规章制度的落实。

第六条　建设单位的安全生产责任：

（一）建立健全通信建设工程安全生产规章制度，制定通信建设工程生产安全事故应急救援预案，每年至少组织一次应急演练。

（二）工程费用应当明确建设工程安全生产费用，不得删减，合同中应明确支付方式、数额及时限，并于工程开工日一个月内向承包单位支付至少50%安全生产费用。对安全防护、安全施工有特殊要求需增加安全生产费用的，应结合工程实际单独列出增加项目及费用清单。

（三）工程开工前，应当就落实保证生产安全的措施进行全面系统的布置，明确相关单位的安全生产责任，对需持证上岗的人员进行核验。

（四）不得对安全生产责任主体提出不符合安全生产法律、法规和工程建设强制性标准规定的要求，不得任意压缩合同约定的工期或合理工期。

（五）不得明示或者暗示施工单位购买、租赁、使用不符合安全施工要求的安全防护装备、施工机具及配件、消防设施和器材。

第七条 勘察、设计单位的安全生产责任：

（一）勘察单位应当按照法律、法规和工程建设强制性标准进行勘察，提供的勘察成果文件应当真实、准确，满足通信建设工程安全生产的需要。在勘察作业时，应当严格执行操作规范，采取措施保证勘察作业人员自身安全及各类管线、设施和周边建筑物、构筑物的安全。对有可能引发通信建设工程安全隐患的灾害提出防治措施。

（二）设计单位应当按照法律、法规、工程建设强制性标准和勘察成果文件进行设计，防止因设计不合理导致生产安全事故的发生。

设计单位应当考虑施工安全操作和防护的需要，对涉及施工安全的重点部位和环节在设计文件中注明，对防范生产安全事故提出指导意见，并在设计交底环节就安全风险防范措施进行详细说明。

采用新技术、新工艺、新设备、新材料和特殊结构的通信建设工程，设计单位应当在设计文件中提出保障施工作业人员安全和预防生产安全事故的措施建议。

（三）设计单位编制工程概预算时，必须按照相关规定全额列出安全生产费用。

第八条 施工单位的安全生产责任：

（一）设置安全生产管理机构，配备专职安全生产管理人员，建立健全全员安全生产责任制，制定安全生产规章制度和各专业安全生产操作规范，按规定要求制定生产安全事故现场处置方案。项目负责人应当对通信建设工程的安全施工负责，落实安全生产责任制度、安全生产规章制度和安全生产操作规范，确保安全生产费用的有效使用，并根据工程的特点组织制定安全施工措施，消除事故隐患，及时、如实报告生产安全事故。

（二）建立健全安全生产教育培训制度。对本单位所有从业人员每年至少进行一次安全生产教育培训，保证从业人员具备必要的安全生产知识，熟悉有关的安全生产规章制度和安全生产操作规范，掌握本岗位的安全操作技能，了解事故应急处理措施，知悉自身在安全生产方面的权利和义务。未经安全生产教育培训合格的人员不得上岗作业。同时，建立教育培训情况档案，如实记录安全生产教育培训的时间、内容、参加人员以及考核结果等情况。作业人员进入新的岗位或者新的施工现场前，应当接受安全生产教育培训；采用新技术、新工艺、新设备、新材料时，应当对作业人员进行相应的安全生产教育培训。

使用被派遣劳动者的，应当将被派遣劳动者纳入本单位从业人员统一管理，应对被派遣劳动者进行岗位安全生产操作规范和安全操作技能的教育培训。

单位主要负责人、项目负责人和专职安全生产管理人员必须具备与本单位所从事的生产经营活动相应的安全生产知识和管理能力，并应当由通信主管部门对其安全生产知识和管理能力考核合格。

特种作业人员必须按照国家有关规定经过专门的安全作业培训，取得相应资格，并持有有效特种作业人员操作资格证书方可上岗作业。

（三）加强人员管理。工程开工前，施工单位拟安排的关键岗位人员与相关协议约定不一致的，施工单位应取得建设单位的书面同意。

（四）明确分包单位安全生产管理责任。与分包单位签订安全生产协议，督促分包单位按规定进行安全生产教育培训，规范关键岗位人员变更管理，定期进行安全检查。发现安全问题的，应当及时督促改正。

（五）严格按照工程建设强制性标准和安全生产操作规范进行施工作业。工程施工前，项目负责人应组织施工安全技术交底，对施工安全重点部位和环节以及安全施工技术要求和措施向全体施工作业班组、作业人员进行详细说明，并形成交底记录，由双方签字确认。

（六）对所承担的通信建设工程进行定期和专项安全检查，并做好安全检查记录。按照国家规定配备项目专职安全生产管理人员。专职安全生产管理人员应当每天对施工现场开展安全检查，发现事故隐患，应当及时向项目负责人和安全生产管理机构报告；对违章指挥、违章操作的，应当立即制止。

（七）保证本单位安全生产条件所需资金的投入。建立健全内部安全生产费用管理制度，明确安全生产费用提取和使用的程序、职责及权限，确保按规定提取和使用安全生产费用。

（八）配备和使用符合国家规定的施工机具及配件，向作业人员提供符合国家规定的安全防护装备，在进入施工现场前进行查验，教育并监督作业人员按照使用规则规范佩戴使用，并书面告知危险岗位的操作规范和违章操作的危害。有限空间、动火、高处、涉电作业时必须配备气体检测报警仪器、消防器材、防护绳、防触电等器具。施工现场的安全防护装备、施工机具及配件必须由专人管理，定期进行检查、维修和保养，建立相应的资料档案，并按照国家有关规定及时报废。

（九）在施工现场入口处、施工起重机械、临时用电设施、出入通道口、孔洞口、坑沟边沿、人井（手孔）口、铁塔底部、有害气体和液体存放处等部位，设置明显的安全警示标志。安全警示标志必须符合国家标准。

（十）建立施工现场消防安全责任制度。确定消防安全责任人，制定各项消防安全管理制度和操作规范，配备消防设施和灭火器材，具备条件的应设置消防通道、消防水源，并在施工现场入口处设置明显标志。

（十一）有限空间作业必须严格实行作业审批制度，严禁擅自进入有限空间作业；必须做到“先通风、再检测、后作业”，确保各项作业条件符合安全要求，严禁通风、检测不合格作业；必须配备个人防中毒窒息等防护装备，设置安全警示标志，严禁无防护监护措施作业；现场监护人员应当全程进行监护，与作业人员保持实时联络，不得离开作业现场或者进入有限空间参与作业；必须制定应急措施，现场配备应急装备，严禁盲目施救。

（十二）动火作业必须严格实行作业审批制度，严禁擅自动火作业；必须配备现场消防器材，制定应急措施。

（十三）进行危险作业，应当安排专门人员进行现场安全管理，确保安全生产操作规范的遵守和安全措施的落实。

（十四）建立安全风险分级管控制度，按照安全风险分级采取相应的管控措施；建立健全并落实生产安全事故隐患排查治理制度，采取技术、管理措施，及时发现并消除事故隐患，事故隐患排查治理情况应当如实记录，并向从业人员通报。其中，重大事故隐患排查治理情况应当及时向工程所在地省（自治区、直辖市）通信管理局和本单位职工大会（或者职工代表大会）报告。

（十五）对从业人员进行应急教育培训，保证从业人员具备必备的应急知识，掌握风险防范技能和事故应急措施；建立通信建设工程生产安全事故应急救援预案并向从业人员公布，每半年至少组织一次应急演练。

（十六）依法办理安全生产相关保险，未办理安全生产保险的，不得从事危险作业。

（十七）作业人员应当遵守安全施工的强制性标准、规章制度和操作规范，正确使用安全防护装备、施工机具及配件；作业人员有权对施工现场的作业条件、作业程序和作业方式中存在的安全问题提出批评、检举和控告，有权拒绝违章指挥和强令冒险作业；在施工中发生危及人身安全的紧急情况时，作业人员有权立即停止作业或者在采取必要的应急措施后撤离危险区域。

第九条 总承包单位和分包单位的安全生产责任：

总承包单位对通信建设工程施工现场的安全生产负总责，总承包单位项目负责人应当定期考核分包单位安全生产管理情况；分包单位应当服从总承包单位的安全生产管理，与总承包单位建立安全生产协作机制，共同确保施工现场安全生产，并对分包作业的安全生产承担主要责任。

第十条 监理单位的安全生产责任：

（一）监理单位和监理人员应当按照法律、法规、规章制度、工程建设强制性标准及监理规范实施监理，并对通信建设工程安全生产承担监理责任。

（二）监理单位应建立健全安全生产管理制度，建立监理人员安全生产教育培训制度；单位主要负责人、项目总监理工程师、专业监理工程师、现场监理员和安全监理人员须具备与本单位所从事的生产经营活动相应的安全生产知识和管理能力，未经安全生产教育培训合格不得上岗作业。

（三）监理单位应当按照工程建设强制性标准及相关监理规范的要求编制含有安全监理内容的监理规划和监理实施细则，项目监理机构应当配置并明确安全监理人员。

（四）监理单位应当审查施工组织设计中的安全技术措施和危险性较大的分部分项工程安全专项施工方案是否符合工程建设强制性标准和安全生产操作规范，并在监理过程中监督施工单位有效执行。

（五）监理单位在实施监理过程中，应当核验作业人员上岗资格，并按合同和监理规范要求对施工现场安全生产情况进行巡视检查，发现存在事故隐患的，应当要求施工单位整改；情况严重的，应当要求施工单位暂时停止施工，并通过信息化手段或书面形式及时向建设单位报告。施工单位拒不整改或者不停止施工的，工程监理单位应当及时向工程所在地省（自治区、直辖市）通信管理局书面报告。

第三章　安全生产费用

第十一条　通信建设工程安全生产费用是指施工单位按照规定标准提取，在成本费用中列支，专门用于完善和改进单位或者项目安全生产条件的资金。

第十二条　施工单位安全生产费用应当按照“筹措有章、支出有据、管理有序、监督有效”的原则进行管理。施工单位和工程项目安全生产费用的提取和使用管理执行财政部、应急管理部相关规定。

第十三条　施工单位提取的安全生产费用应当专项核算，按规定范围安排使用，不得挤占、挪用。年度安全生产费用出现赤字的，应当于年末补提安全生产费用。

第十四条　通信建设工程项目进行招标时，招标文件应当单列安全生产费用清单，并明确安全生产费用不得作为竞争性报价。

施工单位编制投标报价应当包含并单列安全生产费用，竞标时不得删减。

总承包单位应当在合同中单独约定并将安全生产费用直接支付分包单位，监督其使用，分包单位不再重复提取。

施工单位按照工程项目提取的安全生产费用，工程竣工决算后有结余的，应当退回建设单位。

第四章　生产安全事故报告和调查处理

第十五条　发生通信建设工程生产安全事故后，事故现场有关人员应立即向本单位负责人报告，单位负责人接到事故报告后，应当于1小时内向事故发生地县级以上人民政府安全生产监督管理部门和省（自治区、直辖市）通信管理局报告。

事故发生时施工现场无建设单位相关人员的，施工单位应立刻将有关情况告知建设单位，建设单位应向省（自治区、直辖市）通信管理局报告有关情况。

第十六条 事故发生单位负责人接到事故报告后，应当立即启动事故处理应急预案，或采取有效措施组织抢救，防止事故扩大，最大可能减少人员伤亡和财产损失。

第十七条 对于特别重大事故、重大事故、较大事故，省（自治区、直辖市）通信管理局应于收到报告后 2 小时内向工业和信息化部报送通信建设工程生产安全事故报表（见附件，以下简称事故报表）。

第十八条 对于一般事故，省（自治区、直辖市）通信管理局应按月汇总，于每月初 5 个工作日内定期向工业和信息化部书面报送事故报表。

第十九条 事故发生地省（自治区、直辖市）通信管理局应积极配合有关部门组织事故抢救，参加事故调查及事故处理等工作。依照地方人民政府对事故的处理决定（以下简称处理决定），监督相关事故责任单位对处理决定的落实，并及时将处理决定及事故责任单位内部处理结果报工业和信息化部（信息通信发展司）。

第二十条 省（自治区、直辖市）通信管理局应当向社会公布举报电话、信箱或者电子邮件地址等网络举报平台，受理通信建设工程事故报告和举报。涉及人员死亡的举报事项，应当将举报线索转由事故发生地县级以上人民政府核查处理。

第五章 监督管理

第二十一条 工业和信息化部和各省（自治区、直辖市）通信管理局负责公用电信网通信建设工程安全生产的监督管理工作。

第二十二条 工业和信息化部负责全国公用电信网通信建设工程安

全生产的监督管理工作，其主要职责是：

（一）贯彻、执行国家有关安全生产的法律、法规和政策，制定通信建设工程安全生产的规章制度和标准规范。

（二）监督、指导全国通信建设工程安全生产工作，依法对安全生产责任主体安全生产情况进行监督检查。

（三）依法对安全生产费用计列、支付、提取、使用和管理进行监督检查。

（四）建立全国通信建设工程安全生产通报制度，及时通报通信建设工程的安全生产情况。

（五）对全国通信建设工程施工企业主要负责人、项目负责人和专职安全生产管理人员安全生产工作进行监督管理。

（六）参加通信建设工程生产安全事故调查处理。

第二十三条 各省（自治区、直辖市）通信管理局负责本行政区域内通信建设工程安全生产的监督管理工作，主要职责是：

（一）贯彻、执行国家有关安全生产的法律、法规、规章制度和标准规范，制定地方性通信建设工程安全生产管理制度。

（二）监督、指导本行政区域内通信建设工程安全生产工作，依法对安全生产责任主体安全生产情况进行监督检查。

（三）依法对本行政区域内通信建设工程安全生产费用计列、支付、提取、使用和管理进行监督检查。

（四）建立本行政区域内通信建设工程安全生产通报制度，并定期向部报送本行政区域内通信建设工程安全生产情况。

（五）对本行政区域内通信建设工程施工企业主要负责人、项目负责人和专职安全生产管理人员进行安全生产考核，并对其安全生产工作进行监督管理。（六）参加通信建设工程生产安全事故调查处理。第二十四条通信建设工程安全生产检查的主要内容包括：

（一）工程建设项目是否严格按照相关标准规范组织落实，项目实施过程中安全生产检查、隐患排查治理是否到位，安全生产费用是否足额计列和支付。

（二）相关单位的安全生产组织机构、全员安全生产责任制、安全生产规章制度是否建立健全并落实；相关单位是否制定通信建设工程生产安全事故应急救援预案并定期组织演练。

（三）施工单位是否购置足够的安全防护装备及设施并规范使用，安全生产费用是否专款专用；安全生产教育培训、安全技术交底和施工现场安全检查是否落实，企业主要负责人、项目负责人和专职安全生产管理人员是否经考核合格，特种作业人员是否持证上岗。

第二十五条 通信主管部门依法履行安全生产检查职责时，有权采取下列措施：（一）要求被检查单位提供有关安全生产的文件和资料。（二）进入被检查单位及施工现场进行检查、拍照、录像，向有关单位和人员了解情况。（三）对检查中发现的安全生产违法行为，当场予以纠正或者要求限期改正；对依法应当给予行政处罚的行为，依照有关法律、法规作出行政处罚决定。

（四）对检查中发现的事故隐患，应当责令立即排除；重大事故隐患排除前或者排除过程中无法保证安全的，应当责令从危险区域内撤出作业人员，责令暂时停产停业或者停止使用相关设施、设备；重大事故隐患排除后，经审查同意，方可恢复生产经营和使用。

第六章　附　　则

第二十六条 本文件下列用语的含义：

关键岗位人员，是指项目负责人、技术负责人、质量管理人员、安全管理人员（含专职安全生产管理人员）、施工管理负责人（含施工队长）、特种作业人员和危险作业人员。

安全生产操作规范，是指《通信建设工程安全生产操作规范》《通信设施拆除安全规定》等行业和国家有关部门颁布实施的标准规范，以及通信建设工程参建单位内部制定的安全生产相关标准规范。

第二十七条 本规定自2025年5月1日起施行。原《通信建设工程安全生产管理规定》（工信部通信〔2015〕406号）同时废止。

附件：通信建设工程生产安全事故报表

附件

通信建设工程生产安全事故报表

<table>
<tr><td>事故时间</td><td>年　月　日　时　分</td><td>事故地点</td><td></td></tr>
<tr><td>事故单位概况</td><td colspan="3"></td></tr>
<tr><td>事故伤亡人数及直接经济损失</td><td colspan="3">死亡：
失踪：
重伤：
初步估计的直接经济损失：</td></tr>
<tr><td colspan="4">一、事故简要经过</td></tr>
<tr><td colspan="4">二、事故现场情况及采取的救援主要措施</td></tr>
<tr><td colspan="4">三、事故原因初步分析</td></tr>
<tr><td colspan="4">四、其他情况</td></tr>
</table>

单位负责人：　　填表人：　　联系电话：　　填表时间：

备注：事故单位概况包括单位所属地区、主要业务范围等。

解读《通信建设工程安全生产管理规定》

工业和信息化部相关负责人

2025 年 3 月 5 日，工业和信息化部发布了新修订的《通信建设工程安全生产管理规定》（以下简称《管理规定》）。为更好理解和落实《管理规定》要求，现就有关内容解读如下。

一、《管理规定》修订的背景

《通信建设工程安全生产管理规定》（工信部通信〔2015〕406 号，以下简称原《管理规定》）自实施以来，在规范通信建设工程安全生产管理、预防和减少生产安全事故、保障从业人员安全等方面发挥了重要的法治保障作用。

习近平总书记高度重视安全生产工作，作出了一系列重要指示批示。2016 年，中共中央、国务院出台了《关于推进安全生产领域改革发展的意见》，确立了安全生产领域改革的总体框架。安全生产法（2021 年修订）、《生产安全事故应急条例》（2019 年实施）等上位法相继更新和出台。《企业安全生产费用提取和使用管理办法》（2022 年修订）对建设工程安全生产费用提取和使用作出了新的规定和具体要求。国务院安全生产委员会印发《安全生产十五条措施》（2022 年）及《全国安全生产治本攻坚三年行动方案（2024—2026 年）》，推动安全生产治理模式向事前预防转型，提升本质安全水平。因此，有必要通过修订原《管理规定》，将上述要求和措施进一步贯彻落实。近几年来，通信建设工程单体规模小、点多面广、工期短等特点也越发突出，这些新特点给行业安全生产工作带来了新挑战。因此，有必要认真总结近年来行业安全生产管理的实践经验，通过修订原《管理规定》进一步压实各相关方安全生产责任，强化安全生产监督管理，完善安全生产保障措施，依法防范化解重大安全生产风险。

二、《管理规定》修订的主要考虑

此次修订旨在落实安全生产“两个至上”和“三管三必须”要求，强化和落实生产经营单位主体责任与政府监管责任，督促相关企业建立健全全员安全生产责任制和安全生产规章制度，构建安全风险分级管控和隐患排查治理双重预防机制，维护通信建设领域安全生产形势持续平稳。

一是强化法律衔接。通过补充从源头防范化解重大安全风险、构建安全风险分级管控和隐患排查治理双重预防机制、完善生产安全事故处置和应急措施等要求，确保与安全生产法及《建设工程安全生产管理条例》等法律法规要求保持一致。

二是压实主体责任。针对通信建设工程的特点，《管理规定》通过明确总承包单位与分包单位的安全责任划分，规范关键岗位人员管理要求，强化施工现场危险作业管控措施，细化应急预案演练和事故上报具体要求，推动安全生产责任落实到岗到人。

同时，依据相关法律、法规规定和要求，进一步明确通信主管部门安全生产监管职责和范围，加强行业安全生产执法规范化建设。

三、《管理规定》修订的主要内容

《管理规定》共 27 条，分为总则、安全生产责任、安全生产费用、生产安全事故报告和调查处理、监督管理、附则 6 章。主要修订内容有以下几方面。

一是补充内容。依据安全生产法及《生产安全事故应急条例》等法律法规的最新规定，补充了“两个至上”“三管三必须”的总体要求，从源头防范化解重大安全风险，构建安全风险分级管控和隐患排查治理双重预防机制，完善安全生产事故处理和应急措施等要求。根据

《法律、行政法规、国务院决定设定的行政许可事项清单（2023 年版）》，补充了对施工企业主要负责人、项目负责人、专职安全生产管理人员进行考核的要求。

二是细化内容。依据《企业安全生产费用提取和使用管理办法》（财资〔2022〕136 号），对涉及安全生产费的规定进行了调整。结合通信建设市场发展实际情况，进一步压实企业主体责任，对总承包和分包单位安全生产责任、关键岗位人员管理、安全生产教育培训、动火作业审批、危险作业安全管理、生产安全事故应急救援预案及演练等内容进行了细化。

四、如何贯彻落实《管理规定》

《管理规定》作为通信建设领域安全生产管理最直接的政策依据，在落地落实上需要全行业共同遵照执行。

一是强化宣贯培训。通信主管部门、通信工程质量监督机构和行业协会等要积极开展专题宣贯培训，并将《管理规定》纳入施工单位安全生产管理人员考核内容，推动安全生产教育培训常态化、长效化，进一步强化安全生产意识。

二是做好日常监管。通信主管部门要切实履行安全生产监管职责，重点督促相关企业履行安全生产主体责任，切实落实安全生产有关管理制度，加强生产安全隐患排查和治理；要按要求公开曝光典型违法违规案例，强化安全生产警示教育，切实兜牢安全生产底线。

三是坚持系统推进。有关企业要将《管理规范》和《信息通信建设工程生产安全重大事故隐患判定标准》《通信建设工程安全生产操作规范》等相结合，进一步完善企业和项目安全生产管理机制，聚焦高风险作业和重大事故隐患，常态化落实安全风险分级管控和隐患排查治理预防工作机制，要建立并实施企业事故隐患内部报告奖励机制，持续开展重大事故隐患动态清零工作，构建安全生产长效机制。

（来源：工业和信息化部网站）

司法解释、司法指导性文件与解读

最高人民法院审管办负责人就《人民法院审判质量管理指标体系》修订情况答记者问

为深入贯彻中央关于整治形式主义为基层减负的要求，不断做优符合司法规律的审判管理，把习近平法治思想贯彻落实到审判执行全过程、各环节，最高人民法院印发了修订后的《人民法院审判质量管理指标体系》（以下简称指标体系）。最高人民法院审管办负责人就本次修订情况回答了记者提问。

问：请介绍一下指标体系的运行情况及其本次修订的背景。

答：人民法院的主责主业是审判执行工作。管住案，是管好人、治强院的落点，是把党建、队建落到实处的必然要求。提升案件审判质效，需要法官自律，更需要科学管理。因此，有必要将审判质量管理指标体系作为案件审判质效的“体检表”，以质量优先、兼顾效率、注重效果为导向，引导各级人民法院从检视出的问题中发现、纠治工作中的不足，在全面提升审判质效、实质性化解矛盾上狠下功夫。

2024 年 1 月，经过近半年的试运行，全国法院开始适用指标体系。指标体系包含 26 项指标，多数指标设合理区间参考值，在区间范围内即为达标，防止盲目攀比、追高压低。需要强调的是，指标设置从一开始就以“精简和必要”为原则，力戒烦琐冗余。2023 年第三季度在 11

个省份试点时，探索设置了29项指标。第四季度在全国法院试行时，调整为28项。2024年1月正式施行时，又压缩为26项。

2023年下半年以来，全国法院以指标体系为牵引，定期对照体检、分析会商、靶向施策，审判执行工作质量、效率、效果提升明显。2024年上半年，全国法院26项指标中有23项同比趋优、向好。案-件比、审限内结案率、超十二个月未结案件比、执行到位率等指标在提升人民群众司法获得感方面，起到了十分重要的导向性、督促性作用。实践证明，指标体系总体上是符合司法规律、科学务实管用的，有利于促推各级人民法院改进工作、提升审判质效，更好地满足人民群众司法需求。

同时，我们也在调研中发现，一些地方法院在运用指标体系过程中，仍然存在变形走样、背离规律的现象，增加了基层负担。例如，有的法院抱持“唯数据论”的错误政绩观，将抓指标等同于抓工作，额外增加不科学、不必要的指标，把指标任务层层摊派、逐级加码，令一线法官不堪重负、无所适从。又如，有的高级、中级人民法院热衷于对辖区法院张榜排名，甚至在已进入合理区间情况下仍通报名次，导致基层跟风攀比，为名次所累。再如，有的法院不能系统地、辩证地看待指标体系，要么为片面追求绝对的“低改发率”而“能维持尽维持”，要么为美化诉前调解数据刻意压降收案数量，严重损害当事人诉讼权利。

针对上述问题，为深入贯彻落实中共中央办公厅、国务院办公厅印发的《整治形式主义为基层减负若干规定》，切实纠治实践中存在的对指标体系理解不准确、运用不科学等突出问题，最高人民法院组织开展深入调研，通过问卷调查、座谈交流、个人访谈等方式，全面听取了三级法院意见。问卷调查显示，90%以上的法院干警认为指标体系是分析研判审判运行态势、开展审判管理工作的重要抓手，有利于助推严格公正司法，很有必要，应当完善好、运用好，充分发挥促推提升审判质效的作用。同时，大家也建议，可以根据实践运行情况，进一步优化、精简现行指标体系，更加聚焦解决制约审判质效的深层次问题，把指标评价成效更多体现在提升人民群众的司法获得感上。

最高人民法院党组在充分听取上述意见基础上，决定修订完善指标体系，进一步精简现行指标，改进数据通报机制、降低通报频次，突出强调指标体系查弱项、促提升的作用。同时，还决定全面取消立案、执行等具体工作条线的质效评估指标，只保留精简后的指标体系这“一把尺子”，防止多头评价，做到统一、规范，将为基层减负做深做实。

问：请介绍一下指标体系本次修订的基本思路和主要内容。

答：本次修订后，指标体系从26项减少到18项，精简比例近三分之一，部分指标的业务口径、合理区间参考值也作了优化调整。以下是修订指标体系的基本思路和主要内容。

第一，坚决贯彻党中央整治形式主义为基层减负的决策部署，把符合司法规律的审判管理做优。全国有3500多家法院、12.7万名法官，指标体系必须抓主要、管重点。同时，全国89%以上的案件都在基层法院，指标的功能重在评价和促推，决不能“唯数据论”，额外增加基层负累。数据通报的频次也应当精简，用来通报的指标应当聚焦重点领域、关键环节，具有引领、提示、督促价值。因此，为基层减负工作必须把“减”和“简”抓准抓实，以符合司法规律作为基本考量。经过深入研判、对比分析，这次修订直接取消了6项分析价值可被关联数据或业务指导取代的指标。例如，法官人均结案数是由收案体量和法官数量决定的，与所在地区经济水平、政策变化、人口规模等客观因素有关，各个地区、条线差异很大，过分追求该指标必然异化为基层负担，不宜作为评价指标。又如，一年多来，在最高人民法院相关业务部门有效指导下，制发司法建议已被各级人民法院纳入日常工作机制，实践中也已总体做到遵循确有必要的原则，无须再专设相关指标。上述精简，有利于进一步松绑、解绳、卸担子，助力基层轻装上阵，激励广大干警更好干事创业、担当作为。

第二，坚持以人民为中心，更加聚焦提升人民群众司法获得感、满意度。指标体系是对照人民群众对审判质量、效率、效果的需求设置的，目的就是让各级人民法院定期检视问题、改进工作，“努力让人民群众在每一个司法案件中感受到公平正义”。实践中，决不能为了“数据好看”而让群众“事情难办”，更不能本末倒置，将审判执行工作变成“围着数据转、奔着数据干”。例如，起诉、上诉、申诉、申请再审都是当事人的法定权利，相关案件数量如果增长，应该成为我们改进工作的压力，但不能将其异化为限制当事人诉权的冲动。指标体系本次修订中，针对一些法院过度追求“低改发率”甚至“零改发率”的做法，我们将一审裁判被改判率与被发回重审率、生效裁判被改判率与被发回重审率分别合并调整为二审改判-发回重审比、再审改判-发回重审比，引导中级以上法院在纠偏纠错时，树立“当改则改、慎重发回、定分止争”的工作理念，尽可能依法直接改判，减少不必要甚至不负责任的发回重审，防止程序空转，尊重和维护当事人诉权。又如，部分法院为了追求诉前调解成功分流率和诉前调解案件申请执行率“达标”，存在在诉前阶段强推调解、不及时立案行为。指标体系本次修订经充分调研论证，对这两个指标设置了更趋合理的区间参考值。这样有利于下级法院实事求是开展好调解工作，促推多元解纷、有效分流，该立案的及时立案，做实“能调则调、当判则判”，让调解工作贯穿诉讼全程，切实减少群众讼累，实现优质高效解纷。需要指出的是，指标体系本次修订过程中，也有地方法院建议取消或压减二审开庭率指标，但我们认为，这一指标能够反映二审案件程序透明度和庭审实质化水平，有利于提升司法公信力和促进服判息诉，仍有必要保留。实践中，二审是否开庭应当依照诉讼法、司法解释和个案情形决定，发挥好二审终审和定分止争作用。根据各级人民法院建议，我们剔除了撤回上诉、按撤回上诉处理的案件，以加强对二审开庭案件的监督管理，确保符合法定条件的二审案件均得到开庭审理。

第三，尊重司法规律，坚持实事求是，更加注重促推提升审判质效。指标体系是一个有机整体，不宜孤立看待、机械管理，应当更加注重系统分析、综合判断指标之间的互动关联。每个指标都是某一领域客观情况的反映，都是相对的，不能绝对化，不是所有指数都高或都低就是好的，更不能为了追求所谓“样样好”，造假、注水导致“反管理”。指标体系本次修订，我们注重从源头上遏制类似“反管理”行为，引导各级人民法院树立正确的政绩观、科学看待指标升降，让一线法官投入更多精力不断提升审判执行质效。例如，平均结案时间只是审限内结案率的补充，是一个分析性指标，不是越短越好，更不能直接用于对基层法院的考核，防止基层法院尤其是人案矛盾突出地区的法院不得已而“结案了事”。指标体系本次修订在调整平均结案时间区间参考值的同时，专门强调不得将该指标直接套用于某一层级、某一个法院、某一特定类型的案件。类似不得简单套用的指标，还包括案-件比、申诉申请再审率、民事裁判申请执行率，这些都综合反映省级辖域内三级法院整体质效情况，不应当也不适宜用来评价某一个具体法院。又如，设置案-件比指标，是为了满足人民群众对“一次性解决纠纷”和“案结事了、政通人和”的需求与期待。一“案”衍生的“件”数越多，所经历的审执程序就越多，投入的司法资源和当事人的诉讼成本也就越高。指标体系本次修订，我们调整了案-件比的业务口径，确保统计结果更精准、更符合办案实际。

第四，坚持“体检表”定位，提升通报方式和运用机制的科学性。最高人民法院多次强调，指标体系是对各省级地区整体审判质效的全面检视，是客观反映审判工作的“体检表”，而非评判办案绩效优劣的“成绩单”。生活中的“体检表”运用场景就颇能说明问题，我们从医院拿到体检表后，会根据身体指标情况，针对性调整饮食结构、加强体育锻炼，或者寻医问诊、对症下药，过一段时间再复查问效。现实中，“反管理”行为之所以时有发生，根本原因就在于指标体系制定、管理不尽科学，政绩观错误。另外，审判质效提升和指标数据改善是一个渐进过程，对短期内出现的数据波动，应保持一定的“容忍度”，为改进工作预留必要的时间空间，不宜过于频繁地通报。为做优做实指标体系的“体检表”定位，指标体系本次修订内容还包括通报和运用机制。最高人民法院将减少通报频次，每季度数据会商后，随会商纪要下发指标数据通报。通报的仅是相关高级人民法院辖域内审判执行工作的运行情况，不涉及其他地区，更不包括排名信息。凡已进入合理区间的，即可视为符合审判质效要求。这样有利于大家和自己比、和去年同期比、和工作改进前比，更有利于做实做优审判质效不断提升。当少数法院指标数据有明显异常变化或长期偏离合理区间时，应当“点对点”作出提示和建议，确保“一把钥匙开一把锁”。各级人民法院应当重点依托司法审判数据会商机制，系统地、整体地看待本辖区、本院的各项指标，不断提升分析研判能力水平，将“会商”打造成为高质量“会诊”，促进和保障审判工作更加健康有序运转。

问：我国幅员广阔，如何解决指标体系在不同地区、不同案件体量法院的差异化适用问题？

答：指标体系是衡量全国法院审判质效的“一把尺子”，打破了从前各地法院开展审判质量管理工作各行其是、“胡子眉毛一把抓”的局面，发挥了很好的“风向标”作用。但是，由于我国各地发展还不平衡，即使在同一省辖域内，不同法院在案件体量、人员素质、基础设施、司法环境等方面也存在较大差异。对最高人民法院来讲，既要做好统一设计，又要尊重地方实际，充分调动各级各地法院干警的积极性。

指标体系试运行期间，最高人民法院曾多次要求各高级人民法院对辖区法院采取差异化的适用方法，在使用区间参考值时不能搞“一刀切”。实践中，有的高级人民法院已作出良好的探索和示范。例如，浙江法院按照法官人均结案数量，将地区、中级和基层人民法院划分为三组，对效率指标设定不同区间参考值。这样的差异化适用，可以提升不同条件法院之间的可比性，形成正向激励效应，避免显失公平的竞争。

指标体系本次修订，我们再次强调，指标体系设置的合理区间参考值仅应作为各省级地区整体审判质效的参照标准，不适用于某一层级、某一个法院或者法官个人，各高级人民法院应当综合考虑收结案数量、人均结案数量、案件结构、队伍素质等因素，制定适用于本辖区不同法院的差异化评价标准。在此前提下，可以对部分法院适用的合理区间参考值作出适当调整。

问：下一步，最高人民法院将如何抓好修订后指标体系的落实？

答：一分部署，九分落实。最高人民法院将在习近平法治思想指导下，聚焦严格公正司法，以高度的政治自觉强化科学的审判管理，久久为功持续完善为基层减负举措。最高人民法院明确要求，高级、中级人民法院在开展本辖区审判质效考评工作中，不得在修订后的指标体系之外增加其他考评项目，正在使用的，应当检视、取消，坚决杜绝加码考评、重复考评。各高级人民法院应当在2024年11月1日前就本辖区正在使用的审判质效考评类项目作出说明，由最高人民法院审查并对其中明显不妥、可能增加基层负担的内容提出整改意见。今后，各高级人民法院制定的辖区审判质效考评类制度文件，须于正式印发后三十日内，以院名义向最高人民法院审管办报送备案。对本辖区中级人民法院的类似文件，各高级人民法院也应严格审查管理。

做优符合司法规律的审判管理具有长期性、复杂性，必须把主体责任压实到各地各级法院、落实到各个庭室部门，推动各个业务条线之间、上下级法院之间多管齐下、科学协作、形成合力。各高级人民法院必须负好总责，动真碰硬整治整改，加大对本辖区人民法院审判执行数据真实性和办案规范性的核查检查力度，坚决禁止把指标压力不当传导至具体个案。

全国法院“一张网”建成后，最高人民法院还将依托数据中台和算法模型，逐步增强对办案数据的交叉校验、常态化巡检、智能预警等能力，及时在全国范围内通报数据异常的地区和法院，为指标体系更加科学、精准的运用夯实数据基础。

（来源：最高人民法院网站）

指导案例、典型案例与解读

生态环境部公布第二十批生态环境执法典型案例（机动车排放检验领域第三方机构专项整治）

（2024 年 10 月 30 日）

为贯彻落实党中央、国务院关于持续深入打好污染防治攻坚战决策部署，加强移动源大气污染治理，严厉打击机动车检验领域第三方机构弄虚作假违法犯罪行为，2024 年 9 月，生态环境部会同最高人民法院、最高人民检察院、公安部、交通运输部、市场监督管理总局在全国部署开展机动车排放检验领域第三方机构专项整治。各地各部门加强统筹谋划，充分发挥工作合力，对机动车排放检验机构和维修机构开展全面排查整治，依法严肃查处一批重点案件，公开曝光一批典型案例，形成强大社会震慑效应，进一步规范机动车检验市场健康有序发展，推动实现移动源污染减排和环境质量持续改善。

2024 年 10 月 30 日，生态环境部公布机动车排放检验领域第三方机构专项整治 5 个典型案例，分别来自福建省漳州市生态环境局、安徽省蚌埠市生态环境局、河南省开封市生态环境局、四川省德阳市生态环境局、陕西省西安市生态环境局，体现出相关地方对弄虚作假违法犯罪行为“零容忍”、依法严厉打击的坚定决心，特此予以表扬。典型案例如下：

案例1　福建省漳州市某进汽车检测服务有限公司放宽检验标准、替车检验出具虚假排放检验报告案

【案情简介】

福建省漳州市生态环境局开展现场检查时发现，漳州某铭进汽车检测服务有限公司违反《柴油车污染物排放限值及测量方法（自由加速法及加载减速法）》（GB 3847—2018）等标准要求，擅自修改车辆额定功率值，放宽检验判定标准，使不合格车辆通过排放检验。随后漳州市公安局进一步调查发现，该机构负责人和5名“黄牛”组织人员串通，以每台车3000余元价格，接收客户邮寄的待检车辆行驶证，并通过购买悬挂假号牌、刻印车架号、更换尾部标志等方式，使用3辆重型牵引车和5辆重型半挂车进行“替车代检”。

【查处情况】

根据大气污染防治法第五十四条、第一百一十二条的规定，漳州市生态环境局对该机构实施行政处罚，罚款10.8万元。公安机关已对6名涉嫌提供虚假证明文件罪的犯罪嫌疑人实施刑事拘留，并移送漳州市龙海区人民检察院审查起诉。

案例 2　安徽某宇机动车安全综合检测有限公司替车检验出具虚假排放检验报告案

【案情简介】

安徽省蚌埠市生态环境局对全市机动车排放检验机构开展非现场巡查时发现，安徽某宇机动车安全综合检测有限公司一条检测线频繁有车辆重复检测，且和临近检测线多次出现同步检测情况，疑似存在替车代检行为。

安徽省蚌埠市生态环境局执法人员调取检测数据和视频，通过采取数据比对、视频追踪、现场检查和调查询问等方式，发现该机构对于难以通过 OBD 检验或排放检验的重型柴油车或汽油车，长期使用汽油车代替检验。2023 年 12 月以来，累计出具虚假合格检验报告 71 份。

【查处情况】

根据大气污染防治法第五十四条、第一百一十二条的规定，蚌埠市生态环境局对该机构实施行政处罚，罚款 27. 5 万元，没收违法所得 7700 元。蚌埠市市场监督管理局已依法取消该机构检验资格。

案例 3　河南省开封市某驭机动车检测有限公司使用 OBD 作弊器出具虚假排放检验报告案

【案情简介】

河南省开封市生态环境局现场检查时发现，开封市某驭机动车检测有限公司出具的大量检验报告中存在完全相同的车辆标准识别码（CALID），且为“网红作弊码”3I1GK64593720853。执法人员随后开展详细排查，发现该机构通过使用OBD作弊装置，将OBD存在故障的7382辆车的代码进行替换，使其通过排放检验，出具虚假排放检验报告。

【查处情况】

根据大气污染防治法第五十四条、第一百一十二条的规定，开封市生态环境局对该机构实施行政处罚，罚款35.6万元，没收违法所得22.146万元。开封市生态环境局已将该机构问题线索移送开封市市场监督管理局，建议依法取消检验资格。

案例4　四川省德阳市恒某安通机动车检测服务有限公司篡改伪造排放检验报告案

【案情简介】

四川省生态环境厅会同省公安厅对机动车排放检验监管系统开展大数据联合分析时发现，德阳市恒某安通机动车检测服务有限公司检验的部分车辆在复检结果不合格的情况下，仍然取得检验合格标志。

经四川省德阳市生态环境局和市公安局现场检查发现，该机构利用图像编辑软件，将43份机动车排放检验结果超标的不合格报告，人为篡改为合格报告，并手动上传至机动车安全技术检验监管系统，通过弄虚作假方式获取机动车检验合格标志。

【查处情况】

根据大气污染防治法第五十四条、第一百一十二条的规定，德阳市生态环境局对该机构实施行政处罚，罚款 30 万元、没收违法所得 1960 元。四川省生态环境厅已将该机构问题线索移送省市场监督管理局，建议依法取消检验资格。

案例 5　陕西省西安某翔机动车检测有限公司擅自改变检验关键条件出具虚假排放检验报告案

【案情简介】

陕西省西安市生态环境局在对西安某翔机动车检测有限公司检查时发现，该机构历史检验过程数据中，部分合格车辆的实际运行工况曲线存在异常。

经进一步调查，该机构违反《柴油车污染物排放限值及测量方法（自由加速法及加载减速法）》（GB 3847—2018）等标准要求，在检验过程中违规将发动机转速保持恒定，在未达到车辆检验运行条件的情况下，出具排放合格检验结果，涉及 84 辆柴油货车。

【查处情况】

根据大气污染防治法第五十四条、第一百一十二条的规定，西安市生态环境局对该机构实施行政处罚，罚款 30 万元，没收违法所得 2. 376 万元。

江苏省高级人民法院与江苏省司法厅联合发布江苏省行政争议调处典型案例

（2024年12月31日）

目　录

案例 1　某加工厂诉某县房屋征收服务中心行政协议诉讼案

【基本案情】

2021 年 4 月 12 日，某县房屋征收服务中心（以下简称征收服务中心）与某加工厂签订房屋征收补偿安置协议，约定加工厂于 2021 年 4 月 21 日前将被征收厂房交付征收服务中心，征收服务中心及时向加工厂支付征收补偿款 527 万余元。加工厂按照约定交付了厂房，征收服务中心分五次支付补偿款，直至 2023 年才将补偿款付清。加工厂以征收服务中心未按照约定及时支付补偿款为由诉至法院，请求判令该中心支付逾期付款违约金。征收服务中心主张案涉征收补偿安置协议未就征收补偿款的支付约定具体期限，亦未约定逾期付款违约金，请求驳回加工厂的诉讼请求。

【化解情况】

宿迁经济技术开发区人民法院立案后，依托属地行政争议化解中心及时启动解纷程序，并联合属地街道办组织双方进行调解。虽然协议未就征收补偿款的支付约定具体期限，但征收服务中心事实上存在迟延支付补偿款的情形。法院立足双方争议焦点，确定了补偿款应当支付的合理期限，明确逾期付款利息标准及起止时间，最终促使双方针对补偿款逾期付款的利息达成“一揽子”解决方案。征收服务中心于 2024 年 11 月向加工厂支付了逾期付款利息，加工厂申请撤诉，案涉争议得以化解。

【典型意义】

本案中，法院秉持“监督就是支持、支持就是监督”理念，力促争议实质化解：一是加强府院联动，围绕服务保障经济社会高质量发展和保护被征收人合法权益，主动向属地政府通报案情，委托属地行政争议调处平台组织调解工作，指导其找准问题症结，理清事实脉络，通过与属地街道办通力配合，经过反复沟通、多轮协调，最终合力将纠纷化解在基层。二是充分发挥行政审判监督功能，法院在查清事实、分清责任的基础上，推动征收服务中心主动履行因拖延支付补偿款而产生的逾期利息，监督行政机关守信践诺，促进诚信政府建设。三是做深法治教育，法院联合司法行政部门邀请市县乡三级50余家行政执法机关的100余名工作人员，以及人大代表、政协委员旁听本案的协调化解过程，以案释法、以学促用，进一步夯实基层依法行政基础。本案的处理既维护了企业的合法权益，又促进了诚信政府建设，是人民法院支持地方经济发展、服务保障大局、实现双赢多赢共赢的生动实践。

案例2　谢某某诉某市规划和自然资源局土地征收补偿诉讼案

【基本案情】

2002年9月29日，谢某某通过拍卖方式取得某村128亩“四荒”地（“四荒”地是指荒山、荒沟、荒丘、荒滩等未利用的土地）使用权，并与村委会签订了“四荒”土地使用权（拍卖）合同，领取了《“四荒”土地使用证》。2015年9月，上述128亩“四荒”地经法定程序被征为国有。因“四荒”地使用权缺乏相应的补偿标准，谢某某并非农村集体组织成员，相关土地未进行实际开发利用等原因，各方当事人对补偿项目和金额未能达成一致意见。某区规划和自然资源分局委托某镇政府作出补偿决定，按照承包期内未使用年限的租金及利息给予谢某某补偿。谢某某对补偿内容不服提起诉讼，要求撤销补偿决定并支付合理的补偿款。

【化解情况】

南京市中级人民法院考虑到本案涉及的“四荒”地使用权系历史遗留问题，缺乏相应的补偿标准，在实地调查的基础上，依托市行政争议调处中心，联动多元力量共同化解行政争议。法院在案件审理过程中实地了解了当年“四荒”地使用权拍卖制度的产生和运行、“四荒”地的开发利用过程、“四荒”地使用权的收回和补偿政策、案涉“四荒”地的现状等情况，进一步理清案件事实，明确争议焦点。在此基础上，法院积极发挥调处中心的平台优势，多次邀请具体实施补偿工作的镇政府、土地所有权人村委会参与本案调解，就案涉“四荒”地的补偿金额、方式等难点堵点问题抽丝剥茧，并有针对性地提出调解方案。经多轮协商，各方当事人最终同意参照集体土地补偿标准，由镇政府给予谢某某 115 万余元的补偿款。

【典型意义】

本案是 2024 年 6 月南京市行政争议调处中心揭牌后成功调解的首案，案件涉及的历史遗留问题，具有出时间跨度长、补偿标准缺失、协调化解难等特征。法院坚持和发展新时代“枫桥经验”，充分发挥行政争议调处平台优势，在办理过程中做深做实将审判工作重心从“案件结没结”转向“争议解没解”，推动涉“四荒”地补偿纠纷的实质化解：一是深入实地调查找准症结。通过实地走访、现场勘察等方式，法院全面了解案件事实，发现争议形成的历史原因，进一步梳理事实脉络，为调解工作奠定基础。二是借助调处中心多元解纷。法院联动属地政府、街道、村委会等相关单位，推动在案涉补偿的支付金额、支付时间等争议焦点上达成一致，在法律框架内满足了原告的合理诉求。三是助推调处中心实质运行。通过具体案件的处理，法院充分发挥各相关单位的职能作用和各自优势，实现了调处平台的实体化运行，并逐步推动形成本地区行政争议实质化解的综合治理机制。

案例3　某市检察院诉某镇政府未依法履行文物保护职责公益诉讼案

【基本案情】

某镇有一处始建于明代的巡检司旧址，2019年10月被评为市文物保护单位。2022年，该旧址出现房屋倾斜、屋顶破损等严重安全隐患，存在坍塌风险，可能会造成人员伤亡及文物损坏。某市检察院于2022年7月实地调查，确认了文物损坏和安全隐患的严重性，要求当地政府采取紧急措施保护文物和居民安全。但镇政府收到检察建议后，仍未采取实质性的保护措施，导致文物继续受损，安全隐患持续存在。2024年1月，某市检察院提起行政公益诉讼，要求法院判令镇政府切实履行文物保护职责。

【化解情况】

泰州医药高新技术产业开发区人民法院受理案件后，与检察机关多次现场勘查，全面了解文物安全隐患情况。在法院推动下，镇政府成立了整改工作领导小组，从施工主体资质、修复材料选择、修复技术方法等方面，制订了切实可行的文物修缮方案，力争修复工程科学、规范，并能最大程度地恢复文物原貌。经过系统整治，镇政府顺利完成了住户迁移和旧址修缮工作，有效消除了安全隐患，全面履行了文物保护职责。最终，法院以行政公益诉讼目的均已实现为由，依法裁定终结该案诉讼。

【典型意义】

文物是不可再生的文化资源，保护文物就是保护历史，传承文明。基层文物保护单位常因经费、人力、技术等限制，开展文物保护工作困难重重。本案中，法院积极发挥司法在多元化解中的参与和指导作用，与检察机关协同配合，共同督促属地政府积极履职，确保了修复工作的有效执行，解决了文物年久失修、欠缺管理等问题；同时，推动文物保护单位建立管控与利用相结合的长效机制，从而保障了文物保护的必要投入和日常维护。本案办理中，法院成功凝聚多方力量，快速推动文物修复并消除安全隐患，不仅恢复了文物旧址的原有风貌，使其成为一道风景线和“打卡点”，更提升了社会各界对文物保护重要性的认识，对司法护航文物保护工作具有重要的示范意义。

案例 4　李某诉某区房产服务中心履行修复下水道职责及行政赔偿诉讼案

【基本案情】

李某是某小区一楼居民。2021 年，该小区进行旧小区改造。暑期大雨致使李某房屋进水，且其前院后院积水严重。2022 年 7 月大雨，李某房屋再次进水，屋内漏电跳闸，生活物品被水浸泡受损。李某主张，旧小区改造后，排水时有不畅，因前院路面呈东高西低的坡状，而李某房屋位于地势最低的西头，房屋进水严重。李某多次找某区房产服务中心请求修复下水道并协商财产损失赔偿事宜未果，后提起行政诉讼，请求法院判令区房产服务中心修复下水道并赔偿损失2万余元。

【化解情况】

徐州铁路运输法院认为，原告李某生活困难，且其反映的情况关涉小区多户居民利益，应引起重视。法院及时与行政争议协同化解工作站及属地司法局联系，会同有关部门到现场查看，原告房屋仍有积水痕迹，存在相应损失。经过法院多轮引导，并积极联动属地司法局、基层组织及有关单位，被告同意实质解决原告诉求，对原告的损失进行了赔偿，原告向法院申请撤诉。法院还积极联络相关行政部门，推动由属地政府牵头组织多个部门为该小区铺设了排水量更大的下水管网，解决了小区排水不畅问题。

【典型意义】

"小案件，大民生"。本案是践行"如我在诉"意识、办好民生案的典型。法院坚持把百姓的难事当成自己的家事，在办案中尽可能为百姓多想一点，多做一点，努力从"结一案"转向"解一事"。为更好化解纠纷，法院依托行政争议实质化解工作机制，加强释明引导、联动多方力量、深入现场办案、诉后跟踪问效，不仅合力解决了原告损失赔偿的"结果"，亦推动解决了造成原告损失及本诉的"原因"——影响居住的下水管道问题，切实打通实质解纷的"最后一公里"，用心用情用力解决好人民群众的急难愁盼问题，增强了人民群众的司法获得感。

案例 5　某驾校不服某市自然资源和规划局行政处罚决定行政复议案

【基本案情】

2020 年，申请人某驾校租赁某单位 7000 平方米场地开办驾校。租赁期间，为达到驾校培训场地标准，申请人对部分土地进行硬化修补。2022 年合同到期后，申请人通过省农村产权交易信息服务平台竞拍案涉土地使用权，经镇政府审批同意，并在镇政府、村委会出具案涉土地系非基本农田的证明后，与村委会签订了为期三年的租赁合同。2023 年，被申请人某市自然资源和规划局接到举报线索称申请人涉嫌非法占地。被申请人经过调查核实，认定案涉土地性质为农田水利用地，申请人新增用地面积 531.3 平方米，属于非法占地行为。经过听证、处罚前告知程序，被申请人作出责令申请人限期自行拆除新建建筑物及其他设施、恢复土地原状并处 48243 元罚款的行政处罚决定。申请人对行政处罚决定不服，向市政府提出行政复议申请。

【化解情况】

行政复议机构某市司法局认为，申请人非法占地行为属实，但也存在信赖利益，其对土地性质的错误认知主要源于镇政府、村委会出具的证明。面对“非法占地行为”客观存在和“信赖利益保护”实际需要，行政复议机构积极组织调解，推动双方矛盾实现实质性化解。一方面，通过行政复议委员会专家论证、听证等方式，向申请人释明占地行为的违法性，引导其转变态度消除违法影响；另一方面，制发《行政复议风险提示函》，召开行政复议机构、被申请人、审批中心、镇政府、村委会五方会谈，指出当前产权交易审批中存在的土地性质界定环节缺少主管部门认定问题，督促上述单位主动与申请人对接沟通，妥善化解矛盾。后经实质性磋商，最终，申请人撤回行政复议申请，行政复议终止。

【典型意义】

依法保护企业信赖利益，做好行政处罚“后半篇文章”，是优化法治化营商环境的客观要求。本案中，行政复议机构聚焦企业核心利益诉求，发挥“复议机构主导、主管部门参与、属地政府配合”的机制优势，统筹调配行政资源，多方联动化解行政争议。一是坚持依法办案底线。复议机构通过释法说理，有效纠正企业非法占地行为，推动案涉土地迅速恢复原状，同时深入调查取证，发现企业存在信赖利益，既打击违法行为守住耕地红线，又维护企业合法权益。二是延伸行政复议制度功能。在结案后两个月内，复议机构开展案件回访，持续关注企业运营中的矛盾难点，特别是在发现企业存在暑期学员无法正常培训易引发群体性矛盾时，主动与相关部门沟通协作，在法律框架内解决企业急难愁盼问题。三是持续优化营商环境。聚焦企业利益“多方调”，通过精准识别矛盾根源、强化企业法律意识、发布风险预警提示等举措，有效维护企业权益。同时，通过制发风险提示函，促成产权交易审批单位优化审批流程，旨在实现“一案示范、广泛警示、全面规范”的良好效果，真正做到以个案办理推动制度完善与行为规范。

案例 6　张某传等人不服某市社会保险管理中心不予先行支付工伤保险待遇行政复议案

【基本案情】

申请人张某传等人系张某明的父母和子女。2020 年，张某明驾驶重型半挂车发生交通事故死亡，某市人力资源和社会保障局认定其为工伤，某物流公司为用人单位。因某物流公司未给张某明缴纳工伤保险费，劳动仲裁机构裁决，某物流公司支付申请人一次性工亡补助金、丧葬补助金、供养亲属抚恤金等共计 99 万元。但是某物流公司未履行给付义务，申请人向法院申请强制执行。经穷尽执行措施，除扣划 5 万元存款外，未发现某物流公司有其他财产可供执行，法院依法裁定终结本次执行程序。2023 年，申请人向被申请人某市社会保险管理中心申请从工伤保险基金中先行支付工伤保险待遇。之后，被申请人告知申请人不同意先行支付工伤保险待遇。申请人对此不服，于 2024 年 3 月向某市政府申请行政复议。

【化解情况】

行政复议机构某市司法局认为，被申请人具有从工伤保险基金中先行支付工伤保险待遇的法定职责。张某明被认定为工伤后，申请人经仲裁、诉讼仍不能足额获得工伤保险待遇，法院穷尽执行措施依法裁决终结了本次执行程序，在此情况下，申请人的先行支付申请符合法律规定。为了尽快化解争议，行政复议机构决定在案件受理前开展调解工作，与被申请人召开座谈会沟通协调，了解其不予先行支付原因，释明申请符合条件；同时向被申请人指出其存在的违法之处和面临的法律风险，建议其自行纠正行政行为，妥善化解行政争议。之后，被申请人同意受理先行支付申请，申请人自愿撤回行政复议申请，行政复议终止。经跟踪回访，申请人收到被申请人先行支付的工伤保险待遇 94 万元。

【典型意义】

本案是贯彻落实 2023 年修订的行政复议法、着力保障和改善民生、实质性化解行政争议的典型案例。行政复议机构坚持“公正高效、便民为民”原则，快速将行政争议化解在初发阶段和萌芽状态。一是案前调解高效解决争议。行政复议机构在收到申请后，没有拘泥于案件是否受理，而是优先设法解决申请人的燃眉之急，在案件受理审查期间组织“案前调解”，仅用数日就解决了申请人的急难愁盼问题。二是推动行政机关自我纠正。行政复议机构经过初步审查发现被申请人未依法履行职责后，通过当面沟通听取意见、书面制发《行政复议风险提示函》等方式，推动被申请人主动自纠，受理先行支付申请，从源头上化解行政争议。三是积极落实跟踪回访制度。申请人自愿撤回行政复议申请后，案件已经办结，但是行政复议机构仍然关注案前调解方案落实情况，经跟踪回访，申请人在结案后四日内就收到被申请人先行支付的工伤保险待遇。本案的办理对于把更多行政争议吸纳和化解在行政复议程序中，尤其是推动源头化解、关口前移具有积极的借鉴意义。

案例 7　某公司不服某市住房公积金管理中心责令缴存公积金行政复议案

【基本案情】

2023 年 12 月 6 日，黄某等 42 人向被申请人某市住房公积金管理中心投诉，要求申请人某公司为其补缴 2022 年 2 月至 2023 年 11 月的住房公积金，并提供了劳动合同、《江苏省企业职工基本养老保险权益记录单（参保人员）》等材料。同月 8 日，被申请人予以立案。2024 年 1 月 9 日，被申请人向申请人发出公积金核对函及相应的核算表，要求其对欠缴投诉人的住房公积金数额进行核对，申请人未提出异议。同月 18 日，被申请人作出《责令缴存住房公积金事先告知书》，并于同月 22 日向申请人邮寄送达。同月 31 日，被申请人作出责令缴存决定书，认定申请人欠缴住房公积金，责令申请人在接到决定书之日起十五日内缴纳住房公积金 37 余万元。申请人对该决定书不服，向市政府申请行政复议。

【化解情况】

行政复议机构某市司法局认为，该案关乎企业利益及职工合法权益，涉及职工人数较多，系群体性案件。在听取意见过程中，行政复议机构了解到申请人对于被申请人作出的责令缴存决定及数额并无异议，其申辩的主要理由是：某公司的主营业务为制药，自成立以来从未拖欠过职工公积金，因前几年效益不佳，加之新药研发费用较高，致使公司出现短暂经营困难，欠缴了部分职工公积金，请求予以缓缴。行政复议机构多次召集企业职工代表、工会成员以及公司方代表，开展协调工作。企业职工在了解到企业目前经营现状及新药研发进度后，决定与企业共渡难关，同意企业分期补缴所欠公积金。复议机构在向某公司释法后，与被申请人会商，指导某公司办理申请公积金缓缴相关手续。最终，申请人主动撤回行政复议申请，行政复议终止。

【典型意义】

2023 年修订的行政复议法强调要充分发挥行政复议统筹协调职能，运用调解、和解手段，着力推动行政争议的实质性化解，保障当事人合法权益。本案中，行政复议机构坚持依法复议，积极引导和促进当事人达成共识，推动矛盾纠纷解决。一是精准把握核心诉求。行政复议机构深入剖析纠纷根源，认为一方是42名企业职工公积金欠缴的合法权益要保护，另一方是企业实际经营困境，二者看似不可调和实则是共生共荣的关系，为后续化解争议找准突破口。二是精心搭建沟通平台。复议机构充分听取企业和职工代表的意见，在法律框架内指导企业办理缓缴手续，允许其在经营困难时段分期缴足所欠的公积金，最终促成各方达成一致认识，做到案结事了。三是精细平衡各方利益。充分利用行政复议现有制度优势，主动探寻行政争议背后的根本矛盾，办理结果既维护了行政执法的权威性，也体现了行政复议温度，较好地平衡了多方利益，助力企业复工复产和打造法治化营商环境，体现了行政复议公正为民的立法精神。

行政审判讲堂答疑

最高人民法院“行政审判讲堂”第五期答疑

问题 1：行政相对人在行政协议中与行政机关约定排除行政复议，产生争议之后，又向复议机关申请行政复议的，人民法院应当如何处理？（提问人：浙江省高级人民法院行政审判庭朱秀华）

答疑意见：2023 年修订后的行政复议法将行政协议纳入行政复议范围。司法实践中，有的行政机关和行政相对人在行政协议中约定排除行政复议，对于该约定的效力，存在不同认识。我们认为，对于行政相对人在行政协议中约定排除行政复议程序的，一般不宜认可其法律效力。主要理由是：第一，从法理上看，行政复议申请权是一项公法救济权利，不能由当事人通过合同约定方式预先排除。第二，是否受理行政复议案件，应当看是否符合行政复议法的法定受理条件。人民法院在诉讼中审查行政复议行为是否合法，也是依据上述规定。当事人针对行政协议申请复议，只要符合行政复议法第三十条规定的受理条件，复议机关就应当依法受理。第三，对行政机关而言，与相对人约定排除行政复议，实际上意味着也排除了复议机关的监督，这是不符合行政复议法的立法宗旨的。第四，在法定复议前置情形下，行政协议当事人约定排除行政复议，可能间接导致行政相对人无法通过行政诉讼获得救济。第五，行政协议作为公法协议，其协议效力具有“外溢性”。行政协议当事人即使约定排除行政复议，但行政协议当事人之外与行政协议有利害关系的公民、法人或者其他组织仍然可以申请行政复议，从而使行政协议争议进入行政复议程序。

问题 2：对复议机关自行撤销行政复议决定的决定不服，复议申请人能否提起行政诉讼？（提问人：云南省高级人民法院行政审判庭赵学军）

答疑意见：我们认为，复议机关自行撤销复议决定属于行政行为，复议申请人不服的，可以依法提起行政诉讼。现从以下几个方面说明：第一，复议机关自行撤销行政复议决定，实际上是作出了一个否定原行政复议决定的新的行政行为。复议机关自行撤销复议决定，既可能符合复议申请人的请求，也可能不符合复议申请人的请求。只要对复议申请人的权利义务产生实际影响，复议申请人就可以提起行政诉讼。第二，除行政复议申请人外，复议机关自行撤销行政复议决定，导致对第三人权利义务产生不利影响的，第三人也有权提起行政诉讼。第三，复议机关自行撤销行政复议决定后，该行政复议决定自始不产生效力。行政复议机关应当及时作出新的复议决定。行政复议机关不履行相关法定职责的，当事人有权提起行政诉讼。当然，相关主体也可选择等新的行政复议决定作出后，如对新的行政复议决定不服，再行提起行政诉讼，以减少诉累，避免重复诉讼、循环诉讼，更好贯彻“一争议一诉”。

问题 3：上级行政机关制定了严于法律、法规的行政处罚程序规定，下级行政机关作出行政处罚时未达到规定的要求，行政相对人以此为由请求撤销处罚决定，人民法院应当如何处理？（提问人：河南省洛阳市中级人民法院环境资源审判庭任海霞）

答疑意见：上级行政机关制定的更严的行政处罚程序规定，合法有效的，可以作为审理行政案件的参考。主要理由是：第一，上级行政机关制定的更严的行政处罚程序规定，是行政机关的自我加压，是严格公正文明执法的要求。行政执法机关除了严格遵守法律、法规、规章之外，还要严格遵守上级机关基于层级监督职责而制定的更严的规定。行政执法行为不仅要合法，也要合理、适当，符合比例原则。第二，人民法院审查行政行为的合法性，应当依照行政诉讼法的规定，以法律、法规为依据，以规章为参照。对于规章以下规范性文件，人民法院经审查认为，符合法律、法规、规章规定的，可以参考。第三，在诉讼中，当事人认为行政行为所依据的规范性文件不合法的，可以依据行政诉讼法第五十三条、第六十四条的规定，请求在行政诉讼中一并审查规范性文件。人民法院认为存在与上位法抵触等情形的，可以不作为认定行政行为合法的依据，并向制定机关提出处理建议。

问题 4：行政机关不作为和第三人共同致害情形下，受害人在行政诉讼中提出民事赔偿和行政赔偿的，如何具体适用法律规定？（提问人：北京市门头沟区人民法院行政审判庭陈杰）

答疑意见：在公权力行为与私人行为共同侵权导致损害结果发生的国家赔偿案件中，往往涉及国家赔偿法与民法典中关于侵权责任相关规定的竞合适用关系。在这种情形下，赔偿责任的法律适用，实践中有三种途径：一是穷尽民事救济途径。通常相对人应当先通过民事救济途径求偿，仅在穷尽其他求偿手段无法得到赔偿时，方可提起国家赔偿。二是国家先行赔偿途径。通常应当先由国家机关赔偿全部损失，再由国家机关向民事侵权主体追偿；或者先寻求国家赔偿，不能完全填补损害的，再通过民事赔偿解决。三是份额责任途径。通常由人民法院根据具体案情确定行政机关的责任份额，判令行政机关赔偿相应的损害。我们认为，对于行政机关不作为与第三人共同侵权的案件，同时涉及国家赔偿责任和第三人的民事赔偿责任，存在不同性质的责任，即国家赔偿责任与民事侵权责任的竞合。如果由行政机关以国家财政负担本应由第三人承担的私法责任，不符合公平原则；如果由第三人承担本应由国家财政负担的损失，也有违民法典中关于过错责任原则的规定。据此，应当从两个方面把握：一方面，怠于履行法定职责的行政机关应当根据其违法程度和不作为的原因力大小承担国家赔偿责任。即，根据《最高人民法院关于公安机关不履行法定职责是否承担行政赔偿责任问题的批复》的规定，公安机关不履行法定职责，致使公民、法人和其他组织的合法权益遭受损害的，应当承担行政赔偿责任，在确定赔偿数额时，应当考虑不履行法定职责的行为在损害发生过程中和结果中所起的作用等因素。另一方面，实施殴打、虐待等侵权行为的第三人应当根据其过错程度和侵权行为的原因力大小承担民事责任。即，根据《最高人民法院关于审理行政赔偿案件若干问题的规定》第二十四条的规定，由于第三人行为造成公民、法人和其他组织损害的，由其承担单独赔偿责任。第三人赔偿能力不足，无力承担或者下落不明，行政机关又未尽到保护、监督、救助等法定义务的，人民法院应当根据行政机关不作为在损害发生和结果中作用的大小，确定其责任份额。

问题5：行政机关未依法送达行政决定，但有充分证据证明原告知道该行政决定内容的，原告对该行政决定提起行政诉讼的，如何计算起诉期限？（提问人：四川省成都市中级人民法院行政审判庭曹巍）

答疑意见：行政诉讼法第四十六条规定，公民、法人或者其他组织直接向人民法院提起诉讼的，应当自知道或者应当知道作出行政行为之日起六个月提出。行政机关依法作出行政决定并送达的，送达之日即为“知道或者应当知道作出行政行为之日”。行政机关未依法送达行政决定的，应当自公民、法人或者其他组织实际知道或者应当知道之日起计算。对于这个问题，从三个方面说明：第一，书面的行政决定，一般须送达后才能对行政相对人产生效力。作出书面行政决定的意思表示必须由作为表意人的行政机关依法向行政相对人明示，该书面行政行为内容才能对该相对人发生法律效力。第二，对于书面决定以外的行政行为，例如行政事实行为（强制拆除等行为），因其常常没有履行送达程序，根据行政诉讼法第四十六条、行政复议法第二十条第一款的规定，其起诉期限或者申请复议期限，应当自实际知道或者应当知道该行政行为之日起算。第三，对于书面行政决定应当区分两种情况处理：（1）如果存在数个行政相对人，而行政机关仅向其中部分人送达，则该行政决定仅对受送达的人发生法律效力，并开始计算起诉期限；对未依法送达的其他相对人而言，该行政决定尚未发生法律效力，不能开始计算起诉期限。类似的情况，可以参考《行政复议法实施条例》第十五条第二款的规定，即“行政机关作出具体行政行为，依法应当向有关公民、法人或者其他组织送达法律文书而未送达的，视为该公民、法人或者其他组织不知道该具体行政行为”。（2）对于实际知道或者应当知道的事项，一般由行政机关承担举证责任。对于利害关系人而言，因其并非应当依法送达的对象，应当从其实际知道或者应当知道行政行为之日开始计算起诉期限。

法答网精选答问

法答网精选答问（第十三批）——行政诉讼专题

问题1：公民、法人或者其他组织提起行政诉讼时，起诉状列明的被告不明确或不正确的，人民法院应当如何处理？

答疑意见：被告“明确”或“正确”是两个不同的问题，是不同的诉讼阶段对被告的不同要求。

第一，在立案审查环节，对被告的要求仅为“明确”，并不要求“正确”。根据行政诉讼法第四十九条第二项以及《最高人民法院关于适用〈中华人民共和国行政诉讼法〉的解释》（以下简称《行政诉讼法解释》）第六十七条第一款的规定，公民、法人或者其他组织提起诉讼时，提供被告的名称等信息应当清楚、具体、可以指认，“足以使被告与其他行政机关相区别”。也就是说，只要原告在起诉状中列明被告名称等信息指向了具体的、特定的被诉行政机关，达到足以使其指控的被告与其他行政机关相区别的效果，即可认定为“有明确的被告”。至于起诉状列明的被告是否正确、适格，一般而言，是人民法院在案件审理过程中应当进一步审查确定的问题。

第二，在案件审理过程中，如果认为起诉状列明的被告不正确的，应作如下处理：一是在原告提出初步证据证明被诉行为可能系被告所为后，被诉行政机关以被告主体不适格为由抗辩的，应当承担相应的举证责任。二是人民法院如果认为原告起诉的被告主体不正确，具有依职权调查确定正确、适格被告的职责和义务，并告知原告变更被告。人民法院经审查在案证据或者依职权调查后也无法确定适格被告时，不宜以“不存在适格被告”“被告不承认实施被诉行政行为”等为由裁定不予立案或者驳回起诉，而应当按照《最高人民法院关于正确确定强制拆除行政诉讼案件被告及起诉期限的批复》精神，对人民法院是否应履行移送义务、移送后是否中止诉讼等事项进一步审查处理，以实质性化解行政争议，避免程序空转。

第三，对于为提高级别管辖错列、多列被告的起诉，或者所诉行为明显不属于行政诉讼受案范围，或者虽属于受案范围但不属于共同被告、不适宜一并审理的情形，人民法院应当先行释明引导，告知起诉人区分不同被告分别起诉，或者修改起诉状并到有管辖权的基层人民法院起诉。起诉人同意修改的，接受起诉状的中级人民法院可以直接将起诉状移送至有管辖权的基层人民法院，由基层人民法院按照法律规定依法审查立案。

咨询人：章鹏在/江西南昌铁路运输中级法院行政审判庭

答疑专家：耿宝建/最高人民法院行政审判庭

问题 2：公民、法人或者其他组织对房屋交易合同网上签约后行政机关的备案行为不服提起诉讼的，是否属于行政诉讼受案范围？

答疑意见：行政诉讼法及其司法解释明确了行政诉讼受案范围的标准。行政诉讼法第十二条第一款第十二项规定，公民、法人或者其他组织认为行政机关侵犯其他人身权、财产权等合法权益的，属于人民法院行政诉讼受案范围。《行政诉讼法解释》第一条第二款第十项规定，对公民、法人或者其他组织权利义务不产生实际影响的行为，不属于人民法院行政诉讼的受案范围。根据上述规定，当事人不服行政行为提起诉讼是否属于行政诉讼受案范围，应当以行政行为是否对当事人的人身权、财产权等合法权益产生实际影响作为判断标准。

房屋交易合同网上签约后行政机关的备案行为是行政机关行使行政管理职权的行为。依据《住房城乡建设部关于进一步规范和加强房屋网签备案工作的指导意见》（建房〔2018〕128号）的规定，我国实行房屋买卖合同网签备案制度，经网签备案的房屋买卖合同，可以作为当事人办理银行贷款、住房公积金提取、涉税业务等的依据，因此备案行为与当事人的财产权益紧密相连。当事人对行政机关的备案、拒绝或者拖延备案、拒绝备案更正等作为或者不作为行为不服提起诉讼的，属于行政诉讼受案范围。

咨询人：许鹏/重庆市高级人民法院执行局

答疑专家：郭修江/最高人民法院行政审判庭

问题3：行政机关对机动车驾驶人在驾驶证超过有效期后仍驾驶机动车的违法行为作出行政处罚，机动车驾驶人不服提起行政诉讼的，人民法院应当如何审查？

答疑意见：驾驶证是证明机动车驾驶人具有驾驶某种机动车资格的法定证件。人民法院支持行政机关规范机动车驾驶证申领和使用，对机动车驾驶人违反相关管理规定的行为进行处罚，以保障道路交通安全，保护人民群众生命财产安全。在审查具体案件时，人民法院应当依据道路交通安全法、行政处罚法等的规定，结合驾驶证超过有效期的时间长短、是否被注销以及注销的具体情形等因素综合考量。

第一，驾驶人在驾驶证超过有效期不满一年且未被注销的情形下驾驶机动车的，按照《机动车驾驶证申领和使用规定》（以下简称《申领和使用规定》）第九十九条第一款第三项的规定，属于逾期不参加审验仍驾驶机动车的违法行为，应处200元以上500元以下罚款。按照《申领和使用规定》第七十二条第二款、第七十五条第一款、第七十九条第一款第八项等的规定，机动车驾驶人换领机动车驾驶证时，应当接受公安机关交通管理部门的审验。因故无法在规定时间内办理驾驶证期满换证、审验的，可以在驾驶证有效期届满一年内申请延期办理。超过机动车驾驶证有效期一年以上未换证的，车辆管理所应当注销其机动车驾驶证。

第二，驾驶人在超过驾驶证有效期一年以上未换证且被注销的情形下驾驶机动车的，可以参考原国务院法制办《关于驾驶人持超过有效期限驾驶证驾驶机动车的行为如何适用法律问题的答复》（国法秘政函〔2009〕334号）内容，即“驾驶证超过有效期并且被公安交通管理机关注销后驾驶机动车的，可以适用《中华人民共和国道路交通安全法》第九十九条的规定予以处罚，但在考虑这种行为与从未取得驾驶证驾车的行为，在性质、危险性上有所不同，在处罚时原则上应当适当从轻。”

第三，驾驶人同时存在超过驾驶证有效期驾驶机动车和《申领和使用规定》第七十九条第一款第二项至第七项、第九项至第十项规定的情形，被注销驾驶证后驾驶机动车的，应当先审查驾驶人是否具有《申领和使用规定》第七十九条第三款、第四款规定的恢复驾驶资格的情形，或者是否具有《申领和使用规定》第二十七条规定的重新申请机动车驾驶证的条件，再视情参考原国务院法制办《关于驾驶人持超过有效期限驾驶证驾驶机动车的行为如何适用法律问题的答复》处理。

咨询人：李明/辽宁省高级人民法院行政一庭

答疑专家：王晓滨/最高人民法院行政审判庭

问题4：道路交通安全违法行为的发生地与处理地不一致时，应当如何把握处罚标准及执法管辖问题？

答疑意见：交通技术监控设备记录的违法行为，以违法行为发生地作为基准点确定处罚标准及地域管辖。违法行为人通过公安机关交通管理部门互联网站、移动互联网应用程序等进行异地处理，不产生改变处罚标准及变更地域管辖的效果。具体可以从以下两个角度把握。

第一，行政执法管辖中的地域管辖，应当坚持职权法定原则和属地管理原则。行政处罚法第二十二条规定，行政处罚由违法行为发生地的行政机关管辖。法律、行政法规、部门规章另有规定的，从其规定。行政执法的管辖原则亦是如此。一般来说，行政机关的地域管辖权与其法定职权的空间范围相一致，适用于所有的行政执法行为，非因法定事由，不能以扩大解释的方式突破地域管辖规定。

第二，《道路交通安全违法行为处理程序规定》第五条第二款规定："违法行为人在违法行为发生地以外的地方（以下简称处理地）处理交通技术监控设备记录的违法行为的，处理地公安机关交通管理部门可以协助违法行为发生地公安机关交通管理部门调查违法事实、代为送达法律文书、代为履行处罚告知程序，由违法行为发生地公安机关交通管理部门按照发生地标准作出处罚决定。"根据上述规定，对于交通技术监控设备记录的交通违法行为，一般由违法行为发生地的公安机关交通管理部门管辖。处理地公安机关交通管理部门实施的行政协助行为系为行政相对人提供的便民举措，不因该协助行为而取得对违法行为的执法管辖权。

咨询人：马传贤/河南省高级人民法院行政审判庭

答疑专家：朱宏伟/最高人民法院行政审判庭

问题5：用人单位在职工发生伤亡事故前一直正常缴纳工伤保险费，但在职工发生伤亡事故当月，用人单位未及时缴纳工伤保险费，职工能否享受工伤保险待遇？

答疑意见：我国实行工伤保险制度的目的是保障工伤职工的救治权与经济补偿权，促进工伤预防与职业康复，分散用人单位的用工风险。在处理工伤保险待遇认定问题时，应当综合考虑职工合法权益、用人单位责任以及工伤保险基金的安全有效利用，具体可从以下几个方面把握。

首先，根据《工伤保险条例》第十四条第一项的规定，职工在工作时间和工作场所内，因工作原因受到事故伤害的，应当认定为工伤。

原则上不因用人单位缴费原因而阻却职工被认定为工伤。

其次，用人单位应当按时、足额缴纳工伤保险费。社会保险法第四十一条第一款规定的“用人单位未依法缴纳工伤保险费”的情形，包括用人单位自始未缴纳工伤保险费和未按时足额缴纳工伤保险费两种情形。一般情况下，只有用人单位按照所在地主管部门明确规定的法定缴费期限足额缴纳工伤保险费，才能由工伤保险基金支付相应的工伤保险待遇。用人单位未按时缴纳工伤保险费，发生工伤事故的，根据社会保险法第四十一条第一款和《工伤保险条例》第六十二条第二款的规定，应当由该用人单位按照工伤保险待遇项目和标准支付费用。

最后，社会保险法第六十条第一款给予了用人单位因不可抗力等法定事由申请缓缴、减免社会保险费的权利。司法实践中，用人单位应当对其非故意不缴纳工伤保险费承担相应的举证责任，提供有说服力的证据。人民法院应当结合用人单位是否存在主观故意、欠缴工伤保险费的期限等因素进行严格审查，以维护职工的合法权益和工伤保险基金的安全。

咨询人：王保保/内蒙古自治区高级人民法院行政审判庭

答疑专家：杨科雄/最高人民法院行政审判庭

问题 6：审判实践中，应当如何把握行政执法案卷信息公开的审查标准？

答疑意见：行政执法案卷信息指在行政执法过程中形成的记录在案卷中的信息，包含案件基本信息、当事人信息、调查笔录、询问笔录、行政执法决定等相关材料。行政执法案卷信息通常由负责卷宗制作或者保存的行政机关承担是否公开、如何公开的法定职责。根据《政府信息公开条例》第十六条第二款的规定，行政执法案卷信息如果不属于法律、法规、规章规定应当公开的，行政机关可以不予公开。司法实践中要把握以下三点。

第一，对不予公开的行政执法案卷信息要科学判断。此类信息不宜公开，主要是考虑到公开后可能会对国家安全、社会公共利益、商业秘密或者个人隐私等造成损害，违反相关法律规定以及公开时机尚不成熟、公开效果不佳等因素。

第二，行政机关以申请人申请公开的信息为行政执法案卷信息为由决定不予公开的，人民法院审查时应当考虑：一是有无法律、法规、规章对所申请信息应当公开的专门规定；二是相关信息是否与行政执法案件有直接关联；三是行政机关是否已将所申请的信息纳入执法卷宗；四是申请人能否依法通过申请阅览卷宗获取所申请的信息。

第三，要疏通对行政执法案卷信息具有知情权的当事人通过其他法定路径获取信息渠道。例如，《最高人民法院关于审理政府信息公开行政案件若干问题的规定》第二条第四项规定，行政程序中的当事人、利害关系人以政府信息公开名义申请查阅案卷材料，行政机关可以告知其按照相关法律、法规的规定办理。查阅案卷材料属于卷宗阅览权的行使范畴，是行政执法过程中行政相对人的程序性权利。申请人依法有权知晓相关案卷信息的，可以通过相应的法定路径获取。实践中，行政机关应当拓宽渠道，依法保障当事人在行政执法程序各环节的卷宗阅览权。

咨询人：张慧颖/陕西省高级人民法院行政庭

答疑专家：李小梅/最高人民法院行政审判庭

法答网精选答问（第十六批）

——国家赔偿及司法救助专题

问题1：再审判决维持对被告人定罪及主刑部分，仅撤销罚金附加刑的，被告人已缴纳的罚金是否属于国家赔偿范围？

答疑意见：国家赔偿法第十八条列举了“违法对财产采取查封、扣押、冻结、追缴等措施的”和“再审改判无罪，原判罚金、没收财产已经执行的”两种侵犯财产权的国家赔偿情形，对于再审刑事判决仅撤销罚金附加刑、未改判无罪的情形并未明确规定。结合立法本意分析，我们认为此种情形应属于国家赔偿范围。主要考虑是，再审刑事判决撤销罚金刑后，赔偿义务机关执行原生效裁判取得罚金的法律依据已经丧失，继续占有该罚金既无法律依据，也无事实根据，故应将已执行的罚金返还被执行人。《最高人民法院关于适用〈中华人民共和国刑事诉讼法〉的解释》第五百三十一条关于“刑事裁判涉财产部分、附带民事裁判全部或者部分被撤销的，已经执行的财产应当全部或者部分返还被执行人；无法返还的，应当依法赔偿”的规定与国家赔偿法依法保护公民、法人和其他组织合法权益的立法精神一致。其中的“应当返还”属于原罚金执行机关应当履行的法定义务，而“依法赔偿”则应理解为依照国家赔偿法给予国家赔偿，可以作为人民法院赔偿委员会审理此类刑事赔偿案件的法律依据。因此，如果原罚金执行机关未依照上述司法解释规定在合理期限内向被执行人返还已经执行的罚金，被执行人有权申请国家赔偿。

咨询人：杨毅鹏/吉林省高级人民法院赔偿委员会办公室

答疑专家：高珂/最高人民法院赔偿委员会办公室

问题2：被执行人以执行法院查封其不动产后拖延处置为由，申请法院赔偿因拖延执行而增加的债务利息，应否赔偿？

答疑意见：错误执行赔偿主要针对积极作为的错误执行行为，对于包括故意拖延执行在内的不作为错误执行应当审慎认定，不宜宽泛把握，以实现促进规范执行和保障依法履职之间的平衡。查封不动产长期未处置，如果在此期间该财产处于续封状态、申请执行人或者被执行人已经向执行法院申请处置财产，在没有正当事由（如执行异议之诉正在审理等）情况下，执行法院故意不予处置的，应当认定属于故意拖延执行；如果未能及时执行存在正当事由，执行法院并无过错，则不应认定为故意拖延执行。

需要注意的是，错误执行行为的存在仅是国家赔偿责任构成条件之一，是否予以赔偿仍需结合是否存在最终损害后果及因果关系等其他要件进行判断。在赔偿责任成立后，还应当根据案件具体情况，综合考虑各方（在有些情形下，除执行法院外，还可能包括直接侵权的第三人、赔偿请求人等）过错程度、行为原因力大小等因素，区分责任主次，确定错误执行法院相应的赔偿责任。

咨询人：黄丹/四川省高级人民法院少年审判庭

答疑专家：梁清/最高人民法院赔偿委员会办公室

问题3：执行法院依法受理执行案件后，请求其他人民法院协助执行生效法律文书，申请执行人认为协助执行法院的协助行为损害其权益，能否向协助执行法院申请国家赔偿？

答疑意见：一般情况下，协助执行法院在执行法院协助通知事项范围内实施协助执行行为的，即便该协助执行行为错误造成损害，也应当由执行法院承担赔偿责任。但如果协助执行行为与执行法院协助通知事项范围不符，则应当由协助执行法院针对其超范围执行部分，承担相应的赔偿责任。对此，可以类推适用《最高人民法院关于审理涉执行司法赔偿案件适用法律若干问题的解释》第四条关于“人民法院将查封、扣押、冻结等事项委托其他人民法院执行的，公民、法人和其他组织认为错误执行行为造成损害申请赔偿的，委托法院为赔偿义务机关”的规定。依此规定，委托法院可以将某些事项委托其他人民法院执行。如果受托法院依照委托法院的意思表示，在委托事项范围内实施执行行为的，委托法院为赔偿义务机关；如果受托法院的执行行为背离了委托法院的意思表示和委托事项，比如，受托法院不作为或者消极执行，或者受托法院在实施过程中存在扩大执行范围、执行对象错误等错误执行情形，则应当由受托法院作为赔偿义务机关。另需注意的是，该规定针对的是事项委托，而非全案委托。如果是全案委托，案件委托执行后，委托法院应当在收到受托法院的立案通知书后作销案处理，此时的赔偿义务机关为受托法院。

咨询人：景象/重庆市第一中级人民法院行政审判庭

答疑专家：梁清/最高人民法院赔偿委员会办公室

问题 4：司法救助实践中存在侦查、起诉等阶段救助不到位的情况，在审判、执行阶段，人民法院能否以 50% 为标准认定“救助不到位”，再次予以救助？

答疑意见：“对同一案件的同一当事人只进行一次性救助”是“坚持辅助性救助”基本原则项下的具体要求。所谓“辅助”，是相对于“无法通过诉讼获得有效赔偿”和“符合条件的特定案件当事人生活面临的急迫困难”而言的。也就是说，能通过诉讼得到及时、有效解决的特定案件当事人的急迫困难，非特定案件当事人的急迫困难，以及所有非急迫困难，均不属于司法救助适用范围。由此可见，“急迫困难”是司法救助最核心的实体要件。因此，当某特定案件当事人的急迫困难已通过司法救助得以消除或缓解，就不符合再次获得司法救助条件。

当然，实践中被救助人面临的急迫困难往往并不相同，甚至处于不断变化中，而司法救助所依附的诉讼程序有审判、执行环节和不同审级之分，刑事诉讼程序也是分阶段进行的。这就很难避免一些特定案件当事人可能在不同诉讼阶段、不同审级中再次面临急迫困难。同时，从解决急迫困难的资源和渠道来看，我国经济区域发展不平衡，部分地区尤其是基层财力不足，而且司法救助和社会救助的衔接尚待完善。因此，前一次司法救助未能缓解急迫困难，确需再次给予司法救助的情况，是客观存在的。有鉴于此，我们认为，首先，从客观实际和工作实效来看，应当允许再次救助等特殊措施的存在。其次，所谓“救助不到位”指因前文所述特殊原因，前一次救助未能缓解急迫困难，或者急迫困难情况有所反复等特殊情况。最后，对是否以50%为判断“救助不到位”的标准，不宜“一刀切”，应结合案件具体情况综合衡量确定。

咨询人：古豪莉/江西省高级人民法院国家赔偿委员会办公室

答疑专家：徐超/最高人民法院赔偿委员会办公室

新类型疑难案例选评

某某顺供应链科技股份有限公司执行监督案

张　君*

【裁判要旨】

保全裁定生效期间，作为次债务人的第三人未提出复议，却擅自处分已冻结被执行人债权权益的，应依法追回。未能追回的，应依法承担赔偿责任。

第三人擅自处分债权权益后，在执行中又以《最高人民法院关于人民法院执行工作若干问题的规定（试行）》第四十七条为据，要求人民法院不得审查的，应不予支持。

【案号】

一审（执行异议）：（2021）豫0702执异106号

二审（执行复议）：（2021）豫07执复140号执行裁定

执行监督：（2021）豫执监335号执行裁定

* 作者单位：河南省高级人民法院执行监督庭。

【基本案情】

河南省新乡市红旗区人民法院（以下简称红旗区法院）查明：高某军与河南某浩物流有限公司（以下简称某浩公司）因运输合同纠纷诉至该院，该院于2018年11月18日作出（2018）豫0702民初5299号民事裁定，冻结某浩公司名下120万元的银行存款或者查封其他等值财产。2018年12月27日，该院作出（2018）豫0702民初5299号民事判决，驳回高某军的诉讼请求。高某军对该判决不服，向新乡市中级人民法院（以下简称新乡中院）提出上诉，新乡中院于2019年8月14日作出（2019）豫07民终1351号民事裁定，撤销红旗区法院上述判决，发回重审。红旗区法院于2020年8月11日作出（2019）豫0702民初5830号民事判决：某浩公司支付高某军运费566498.3元、放空费37706.61元、押金5万元及利息，驳回高某军的其他诉讼请求。高某军、某浩公司对该判决不服分别上诉至新乡中院。新乡中院于2020年11月1日作出（2020）豫07民终4651号民事判决：撤销（2019）豫0702民初5830号民事判决；某浩公司支付高某军运费624697.6元、放空费37706.61元、押金5万元及利息；驳回高某军的其他诉讼请求。二审审理期间，新乡中院于2020年11月3日作出（2020）豫07民终4651-1号民事裁定，对某某顺供应链科技股份有限公司（以下简称某某顺公司）价值120万元财产的保全措施予以续保；某某顺公司保全期间不得对某浩公司清偿；若某某顺公司要求偿付的，可以向红旗区法院提存价款。

裁判文书生效后，根据高某军的强制执行申请，红旗区法院立案执行，执行案号为（2021）豫0702执118号。2021年3月23日，红旗区法院作出（2021）豫0702执118-1号文书，限某某顺公司收到该函后七日内将异议相关手续提交至立案庭，逾期视为放弃。某某顺公司向红旗区法院提出执行异议。红旗区法院审查后认为，该公司提出撤销

（2021）豫 0702 执 118-1 号执行案件的异议请求不属于执行异议的审查范围，对其异议请求应予驳回。红旗区法院作出（2021）豫 0702 执异 106 号执行裁定，驳回某某顺公司的异议申请。某某顺公司向新乡中院申请复议，请求撤销（2021）豫 0702 执异 106 号执行裁定。新乡中院经审查后认为，红旗区法院在执行高某军与某浩公司运输合同纠纷一案中，并未向某某顺公司下达履行到期债务的通知并要求其协助执行，某某顺公司对红旗区法院（2021）豫 0702 执 118-1 号函提出异议不属于执行异议案件的审查范围，裁定驳回某某顺公司的复议申请，维持红旗区法院（2021）豫 0702 执异 106 号执行裁定。

红旗区法院于 2018 年 11 月 18 日作出（2018）豫 0702 民初 5299 号民事裁定书，并于 2018 年 11 月 29 日送达某某顺公司，冻结某某顺公司（次债务人，以下简称第三人）所欠某浩公司押金、运费 120 万元，冻结时间为一年。2019 年 1 月 23 日，某某顺公司转账支付给某浩公司延津分公司 1853473.18 元。2019 年 11 月 11 日，红旗区法院作出续行冻结手续。2020 年 7 月 20 日，某某顺公司支付给某浩公司延津分公司 508465.35 元、200066.21 元。2020 年 11 月 7 日，新乡中院向某某顺公司送达续行冻结手续，冻结期限延至 2021 年 11 月 9 日。某某顺公司以其与某浩公司业务合作项下不存在未结算款项为由向新乡中院提出异议，新乡中院对该异议未予处理。红旗区法院于 2021 年 7 月 13 日作出（2021）豫 0702 执 118-1 号责令责任人追回财产通知书，责令某某顺公司追回上述冻结的 120 万元。

【裁判结果】

河南省高级人民法院（以下简称河南高院）经审理认为：《最高人民法院关于适用〈中华人民共和国民事诉讼法〉的解释》（2020 年修正，以下简称《民事诉讼法解释》）第一百五十九条规定，债务人的财产不能满足保全请求，但对他人有到期债权的，人民法院可以依债权人的申请裁定该他人不得对本案债务人清偿。该他人要求偿付的，由人民法院提存财物或者价款。红旗区法院和新乡中院据此在审判程序中冻结某浩公司对某某顺公司享有的债权，限制某某顺公司向某浩公司清偿，并无不当。本案中，对红旗区法院送达的要求协助冻结某浩公司债权的通知，某某顺公司虽未提出异议，但并不影响此后续行冻结该债权时，其依法对续行冻结的民事裁定行使复议救济权。新乡中院作出该民事裁定的审判部门对某某顺公司所提出的异议，未依法适用复议程序审查，显属不当。

《民事诉讼法解释》第一百六十八条规定："保全裁定未经人民法院依法撤销或者解除，进入执行程序后，自动转为执行中的查封、扣押、冻结措施，期限连续计算，执行法院无需重新制作裁定书……"因此，案件进入执行程序后，新乡中院作出的续冻裁定的效力持续到执行程序中。根据《最高人民法院关于人民法院立案、审判与执行工作协调运行的意见》第十八条的规定，利害关系人对保全裁定不服申请复议的，由作出保全裁定的部门负责审查。但是案件进入下一程序的，由有关程序对应的受理部门负责审查该事项。因此，红旗区法院在受理本案的执行申请后，向某某顺公司发函，限其于七日内向该院提出执行异议，程序正当。某某顺公司根据红旗区法院的通知，向该院提出了执行异议。其请求事项虽然是"请求依法撤销（2021）豫0702执118-1号执行案件"，并未明确是针对执行案件中的哪个执行行为，但是，其在异议书事实和理由部分明确写明是对协助执行事宜提出异议。因此，红旗区法院应对向某某顺公司送达协助执行是否合法进行审查。但红旗区法院和新乡中院将某某顺公司的异议内容解释为系对（2021）豫0702执118-1号函所提异议，与事实不符，以不属于执行异议的审查范围为由驳回某某顺公司的异议和复议申请，结果亦属错误。

关于对到期债权的执行，《最高人民法院关于人民法院执行工作若干问题的规定（试行）》（2020年修正）第四十七条规定，第三人在履行通知指定的期间内提出异议的，人民法院不得对第三人强制执行，对提出的异议不进行审查。某某顺公司如果对某浩公司没有债务，根据该规定向红旗区法院提出异议即可。但是，红旗区法院在2018年11月要求某某顺公司履行扣留对某浩公司债款的协助义务后，某某顺公司并未向红旗区法院提出异议，而是在2019年1月23日向某浩公司延津分公司支付了1853473.18元货款。某某顺公司称与某浩公司延津分公司存在物流运输合同关系，与某浩公司既无业务往来，也没有债权债务关系。但根据公司法（2018年修正）第十四条的规定，分公司不具有法人资格，其民事责任由公司承担。某浩公司延津分公司是某浩公司的分公司，不具有法人资格，不能独立承担民事责任；其即使有自己的财产，也隶属于某浩公司。因此，某某顺公司与某浩公司延津分公司因合同关系产生的民事责任，应由某浩公司承担；其向某浩公司延津分公司支付合同款项，视同向某浩公司付款；其在收到法院的协助执行通知后向某浩公司延津分公司付款的事实，证明其对某浩公司负有债务。故红旗区法院和新乡中院向某某顺公司送达扣留某浩公司债权的协助通知书并无不当。某某顺公司关于对某浩公司没有债权债务关系的异议不能成立。根据某某顺公司的陈述，新乡中院作出（2021）豫07执复140号执行裁定后，红旗区法院在2021年10月18日从该公司账户扣划了部分款项。某某顺公司对该扣款行为再次提出异议，红旗区法院和新乡中院分别进行了异议和复议审查。红旗区法院的扣划款项行为系新的执行行为，不属于（2021）豫07执复140号执行裁定审查范围。某某顺公司也未申请对新乡中院作出的新的复议裁定进行监督，故红旗区法院扣划款项的执行行为是否合法本院不予审查。

综上所述，新乡中院（2021）豫07执复140号执行裁定，认定事实清楚，虽然理由不当，但处理结果正确，依法应予维持。某某顺公司的申诉理由不能成立，不予支持。参照民事诉讼法（2021年修正，下同）第二百一十一条第一款，依照《最高人民法院关于人民法院执行工作若干问题的规定（试行）》第七十一条之规定，裁定驳回某某顺公司的申诉请求。

［评析］

到期债权被冻结后次债务人擅自向被执行人履行的，应当承担赔偿责任

到期债权属于财产权利，系被执行人的责任财产，人民法院依法可以强制执行。但由于法律和司法解释对到期债权的执行仅作了原则性的规定，实践中存在较大争议。主要表现在保全的效力、保全程序与执行程序的衔接、到期债权的次债务人（第三人）的程序保障权等。本案中，涉及第三人某某顺公司在接到执行法院作出的冻结到期债权的保全裁定后没有提出异议的情况下，在执行程序中能否再提出异议，人民法院对该异议是否应进行审查以及应采取何种标准进行审查，第三人在到期债权冻结期间擅自向被执行人清偿是否应承担责任以及承担何种责任的问题。

一、第三人异议与执行行为异议的区分

根据《最高人民法院关于人民法院执行工作若干问题的规定（试行）》第四十五条的规定，被执行人不能清偿债务，但对本案以外的第三人享有到期债权的，人民法院可以依申请执行人或被执行人的申请，向第三人发出履行到期债务的通知（以下简称履行通知）。第四十七条规定，第三人在履行通知指定的期间内出异议的，人民法院不得对第三人强制执行，对提出的异议不进行审查。即第三人自收到履行通知之日起十五日内可以向执行法院提出异议。该异议系第三人否认到期债权而提出的异议，可以称之为“债务不存在异议”。由于被执行人与第

三人之间是否存在债权债务关系属于实体权利的内容，未经过审判程序予以确认，因此，人民法院在执行程序中不宜进行审查，否则就有以执代审的嫌疑。故司法解释规定对第三人提出的异议人民法院不进行审查，且也不得对第三人强制执行。

应当注意的是，根据《民事诉讼法解释》第四百八十四条的规定，对被执行的财产，人民法院非经查封、扣押、冻结不得处分。对银行存款等各类可以直接扣划的财产，人民法院的扣划裁定同时具有冻结的法律效力。据此，在到期债权的执行过程中，人民法院亦应当作出冻结裁定，否则不得对该到期债权进行处分。对此，《民事诉讼法解释》第四百九十九条第一款明确规定，人民法院执行被执行人对他人的到期债权，可以作出冻结债权的裁定，并通知该他人向申请执行人履行。如果第三人提出异议的，人民法院亦不应进行审查，也不得进行强制执行。

上述司法解释规范的是执行程序中到期债权的执行及第三人的程序保障问题，但对于诉讼保全程序如何与执行程序进行有效衔接，仍存在法律空白。根据《民事诉讼法解释》第一百五十九条的规定，债务人的财产不能满足保全请求，但对他人有到期债权的，人民法院可以依债权人的申请裁定该他人不得对本案债务人清偿。该他人要求偿付的，由人民法院提存财物或者价款。据此，在诉前、诉讼保全程序中，人民法院可以对被保全人对第三人的到期债权采取保全措施。但是，根据民事诉讼法第一百一十一条的规定，当事人对保全或者先予执行的裁定不服的，可以申请复议一次。复议期间不停止裁定的执行。因此，能够对保全裁定提出复议申请的只有当事人而不包括第三人。而根据《最高人民法院关于人民法院立案、审判与执行工作协调运行的意见》（以下简称《意见》）第二十一条的规定，保全财产不是诉讼争议标的物，案外人基于实体权利对保全裁定或者执行行为不服提出异议的，由负责审查案外人异议的部门根据民事诉讼法第二百三十四条的规定审查该异议。也就是说，在保全程序中，若案外人对执行标的提出异议的，人民法院应当受理审查，但对于第三人能否提出异议则未作出规定。而《意见》第十八条第七项规定，当事人或者利害关系人对财产保全裁定不服，申请复议的，由作出财产保全裁定的部门负责审查。其中的利害关系人按照体系解释应当属于民事诉讼法第一百零四条规定的“利害关系人”，不包括第三人。很显然，在保全程序中，对第三人的程序保障明显缺失。但若从体系解释的角度，可以参照适用《最高人民法院关于人民法院执行工作若干问题的规定（试行）》第四十七条的规定，即第三人在收到财产保全裁定的十五日内可以直接提出“债务不存在”异议，人民法院亦不应再进行审查，也不应再对其强制执行。

综上所述，无论是在执行程序中，还是在保全程序中，第三人均可在接到履行通知或保全裁定的十五日内提出异议，该异议并非单纯地对执行行为提出的异议，而是对其与被执行人之间是否存在债权债务关系提出的异议，实质上是否认与被执行人存在实体权利义务关系，但这不属于执行程序审查的范围。如果申请执行人认为其与被执行人之间存在权利义务关系，可以另行提起代位权诉讼，以保障其权利的实现。本案中，由于某某顺公司提出的异议已超过法定期限，因而不应再按照第三人“债务不存在”异议的规则处理。

二、第三人保全时没有提出异议而在执行程序中提出异议的，应作为执行异议进行审查

对于第三人在保全到期债权时没有提出异议，而在进入执行程序时才提出异议应如何处理，有不同的观点。一种观点认为，人民法院在保全时虽然向第三人送达了保全裁定书和协助执行通知书，但在执行时仍需要向第三人发出履行债务通知，而履行通知包含第三人对履行到期债权有异议的，应当在收到履行通知后的十五日内向执行法院提出的内容，故第三人在收到履行通知十五日内提出异议的，人民法院不进行审查，也不应再执行。第二种观点认为，人民法院向第三人送达保全裁定

书和协助执行通知书后即发生冻结的效力。在进入执行程序后，保全裁定书和协助执行通知书即为执行依据。人民法院按照执行依据执行时，可以直接向第三人发出履行通知。如果第三人对该执行行为提出异议，人民法院应当按照民事诉讼法第二百三十二条的规定进行审查，异议成立的，终止执行；异议不成立的，继续执行。第三种观点认为，自有关冻结裁定和协助执行通知书送达协助人时，就对协助义务人产生法律上的约束力，从法律上应当视为债务人在第三人处确实有财产。第三人不及时提出异议，导致债权人丧失保全债务人其他财产的机会，并最终导致债权人的债权不能受偿的，第三人应当承担赔偿责任。

上述观点都有一定的道理。但第一种观点系对司法解释的机械理解，没有注意到保全裁定亦是执行依据，亦是生效的法律文书。这种把生效法律文书的执行和履行通知割裂开来的做法并不足取。第三种观点实际上是把冻结裁定和协助执行通知视为确定的执行依据，第三人对执行依据提出异议，执行法院不再予以审查。但忽略了到期债权执行的特殊性，即到期债权为无形财产，即使冻结裁定已经生效，也无法判断是否已予现实冻结。如第三人与被执行人确实没有债权债务关系，让第三人承担赔偿责任目前尚缺乏法律依据。第二种观点区分了债务不存在异议和执行行为异议，将执行中第三人提出的异议视为执行行为异议，并依法进行审查，平衡了当事人的利益关系，是一种比较务实的做法。

《最高人民法院执行工作办公室关于到期债权执行中第三人超过期限提出异议等问题如何处理的请示答复》（〔2005〕执他字第19号）明确："第三人在收到履行通知后，未在法定期限内提出异议，并不发生承认债务存在的实体法效力。第三人在法院开始强制执行后仍有异议的，应当得到司法救济。"但这里存在两个问题：一是第三人在收到履行通知后未在法定期限内提出异议"不发生承认债务存在的实体法效力"，那么是否发生程序法效力，什么效力？二是第三人应得到何种"司法救济"？该答复第三条给出的答案是"考虑到目前我国尚无第三人异议之诉的法律制度，为公平保护各方当事人的合法权益，根据本案中已经责令双方兑账及当事人提出审计要求的实际情况，可在执行程序中通过对被执行人与第三人双方的全部往来账目进行逐笔核对，或者委托有关单位进行审计并经三方共同认可，最终审核确认后，决定是否继续执行”。这在当时被认为是一种创新。[①] 不过，该答复也注意到，鉴于存在执行中不能行使审判权这一普遍观念，该案情况下的审核确认应当有一定的自我限制，即在程序上虽然可以要求第三人参加执行程序，并使之负有如实报告的说明义务，同时又不能将有关实体法律关系的意见强加给当事人。[②] 该答复虽然针对的是执行程序中第三人在收到履行通知后未在法定期限内提出异议应如何处理的问题，但与第三人在保全程序中未提出而在执行程序中又提出异议具有相似之处，具有参考价值。

《民事诉讼法解释》第一百六十八条规定：“保全裁定未经人民法院依法撤销或者解除，进入执行程序后，自动转为执行中的查封、扣押、冻结措施，期限连续计算，执行法院无需重新制作裁定书，但查封、扣押、冻结期限届满的除外。”结合《民事诉讼法解释》第五百零一条第一款的规定，保全的到期债权进入执行程序后，人民法院仍应当向第三人发出协助履行通知，如果第三人此时提出异议的，因保全裁定和协助履行通知虽“不发生承认债务存在的实体法效力”，但仍发生程序法的效力，即保全裁定为生效的裁定，具有执行力。对第三人提出的异议，不宜再按照《最高人民法院关于人民法院执行工作若干问题的规定（试行）》第四十七条的规定既不审查也不执行，而应当将该异议转化为执行行为异议，由执行法院参照民事诉讼法第二百三十二条的规定予以审查，第三人的异议成立或部分成立的，对成立的部分不予执

① 参见江必新主编：《人民法院执行工作规范全集》，人民法院出版社2017年版，第603页。
② 参见江必新主编：《人民法院执行工作规范全集》，人民法院出版社2017年版，第603页。

行；理由不成立的，裁定驳回，继续执行。虽然执行异议审查的是当事人之间的实体权利义务关系，但这是基于对生效保全裁定权威的尊重，在到期债权执行制度进一步完善以及债务人异议之诉制度全面建立以前，可以作为暂时的替代方案。从执行实践来看，对执行异议实行有限的实体审查也具有一定的正当性并符合执行实际。例如，《最高人民法院关于刑事裁判涉财产部分执行的若干规定》第十四条规定，执行过程中，当事人、利害关系人认为执行行为违反法律规定，或者案外人对执行标的主张足以阻止执行的实体权利，向执行法院提出书面异议的，执行法院应当依照民事诉讼法第二百三十二的规定处理。

本案中，河南高院裁定认为，某某顺公司根据红旗区法院的通知，向该院提出了执行异议，并在异议书事实和理由部分明确写明是对协助执行事宜提出异议。因此，红旗区法院应对向某某顺公司协助执行是否合法进行审查。但红旗区法院和新乡中院将某某顺公司的异议内容解释为系对（2021）豫0702执118-1号函所提异议，与事实不符，以不属于执行异议的审查范围为由驳回某某顺公司的异议和复议申请，属于审查结果错误。该结论实值赞同。

三、被执行人或其他人擅自处分被人民法院查封、扣押、冻结的财产应当承担赔偿责任

《最高人民法院关于人民法院执行工作若干问题的规定（试行）》第三十二条规定，被执行人或其他人擅自处分已被查封、扣押、冻结财产的，人民法院有权责令责任人限期追回财产或承担相应的赔偿责任。本案中，红旗区法院于2018年11月18日作出（2018）豫0702民初5299号民事裁定书，并于2018年11月29日送达某某顺公司，冻结某某顺公司对某浩公司押金、运费等到期债权120万元，冻结期限为一年。红旗区法院和新乡中院分别于2019年11月11日和2020年11月7日，向某某顺公司送达续行冻结手续，冻结期限延至2021年11月9

日。上述冻结裁定已经发生法律效力，某某顺公司不得对该债权擅自进行处分。某某顺公司却于2019年1月23日擅自转账支付给某浩公司延津分公司1853473.18元，其行为明显违法。红旗区法院于2021年7月13日作出（2021）豫0702执118-1号责令责任人追回财产通知书，责令某某顺公司追回上述冻结的120万元有法律依据。这进一步正当化了对某某顺公司提出的异议只能按照执行异议审查处理，而不应按照《最高人民法院关于人民法院执行工作若干问题的规定（试行）》第四十七条的规定处理的做法。否则，红旗区法院的责令责任人追回财产通知书就没有法律根据。因此，河南高院认定某某顺公司“在收到法院的协助执行通知后向某浩公司延津分公司付款的事实，证明其对某浩公司负有债务。故红旗区法院和新乡中院向某某顺公司送达扣留某浩公司债权的协助通知书并无不当。某某顺公司关于对某浩公司没有债权债务关系的异议不能成立”是正确的。

至于某某顺公司所称的与某浩公司延津分公司存在物流运输合同关系，与某浩公司既无业务往来，也没有债权债务关系。这种辩解显然没有法律根据，是对法人制度的严重曲解。

综上所述，现有法律和司法解释对到期债权的执行制度尚不完善，尤其是第三人在保全时没有提出异议而到执行阶段才提出异议，或者在执行时超过法定期限提出异议应如何处理还存在较大争议。本案采取了比较务实的做法，即在尊重生效保全裁定的权威性的前提下，也给第三人提供了救济途径，认为执行法院应当对第三人提出的异议进行审查，虽然根据查明的事实没有支持第三人的异议请求，但纠正了红旗区法院和新乡中院对第三人的异议不予审查的错误做法。在保全裁定生效期间，某某顺公司擅自处分被人民法院冻结的财产，应当依法限期追回，没有限期追回的，应当依法承担赔偿责任。第三人享有的程序保障权并不能当然免除其应当履行的法定义务。

最新立法司法动态

中华人民共和国医疗器械管理法（草案征求意见稿）（节选）

第八章　医疗器械警戒与召回

第一百零七条　国家建立医疗器械警戒制度，对医疗器械不良事件以及其他与使用医疗器械有关的导致或者可能导致人体伤害的各种有害事件进行监测、识别、评估和控制。

医疗器械不良事件是质量合格的医疗器械在正常使用情况下发生的，导致或者可能导致人体伤害的有害事件。其他与使用医疗器械有关的有害事件包括使用发现的质量问题、非正常使用、医疗器械间相互作用等风险导致或者可能导致人体伤害的事件。

第一百零八条　医疗器械注册人、备案人应当按照医疗器械警戒质量管理规范的要求开展警戒活动，收集、分析、报告警戒信息，开展风险评价，加强对已上市产品的风险管理。

使用单位应当建立本单位医疗器械警戒制度，明确相关部门和人员并主动收集、报告警戒信息，配合注册人、备案人开展风险评价，依法开展警戒活动。

医疗器械受托生产企业、经营企业应当收集、报告警戒信息，协助医疗器械注册人、备案人开展警戒活动。

其他单位和个人发现警戒信息的，可以向药品监督管理部门或者医疗器械警戒技术机构报告。

医疗器械注册人、备案人、受托生产企业、经营企业、使用单位通过医疗器械警戒活动收集的个人信息，应当限于警戒信息所需的最小范围，不得过度收集个人信息。不得非法买卖、提供或者公开收集的个人信息。

医疗器械注册人、备案人、受托生产企业、经营企业、使用单位应当对医疗器械警戒技术机构、药品监督管理部门、卫生健康主管部门开展的医疗器械警戒活动予以配合。

第一百零九条　国务院药品监督管理部门建立医疗器械警戒信息网络，收集警戒信息。各级医疗器械警戒技术机构通过警戒信息网络进行警戒数据分析，识别、评估风险，向药品监督管理部门和卫生健康主管部门提出处理建议。

第一百一十条　医疗器械注册人、备案人通过医疗器械警戒活动发现产品导致或者可能导致人体伤害的，应当采取发布警示信息、暂停生产经营和使用、召回等风险控制措施，并报告所在地省、自治区、直辖市人民政府药品监督管理部门。

第一百一十一条　医疗器械注册人、备案人发现已上市医疗器械的风险获益比需要重新评估的，应当主动开展上市后评价。必要时，省级以上药品监督管理部门可以责令医疗器械注册人、备案人开展上市后评价或者直接组织开展上市后评价。

医疗器械注册人、备案人应当根据上市后评价的结果，采取修订说明书、标签、产品技术要求，软件更新，改进设计和生产工艺等措施，并按照规定进行注册变更或者备案变更。经评价，上述措施无法有效控制产品风险或者风险获益比不可接受的，应当申请注销医疗器械注册证或者取消备案。

国务院药品监督管理部门根据上市后评价结论，可以对医疗器械品种作出淘汰的决定。被淘汰的产品，其医疗器械注册证或者产品备案由原发证部门或者备案部门予以注销或者取消。

被注销医疗器械注册证或者被取消备案的医疗器械不得生产、经营、进口和使用。

第一百一十二条 医疗器械注册人、备案人发现生产的医疗器械不符合强制性标准、经注册或者备案的产品技术要求，或者存在其他缺陷的，应当立即停止生产、销售，并告知相关经营企业、使用单位和消费者停止经营和使用，召回已经上市销售的缺陷产品，采取补救、销毁等措施，记录相关情况，发布相关信息，并将医疗器械召回和处理情况向药品监督管理部门和卫生健康主管部门报告。

医疗器械受托生产企业、经营企业、使用单位发现生产、经营、使用的医疗器械存在前款情形的，应当立即停止生产、经营、使用，通知医疗器械注册人、备案人，并保留相关记录。

医疗器械注册人、备案人应当主动召回产品而未有效实施的，所在地药品监督管理部门应当责令其召回。

医疗器械受托生产企业、经营企业和使用单位应当配合医疗器械注册人、备案人做好产品召回工作。

第一百一十三条 医疗器械注册人、备案人、生产企业、经营企业和使用单位应当建立并执行医疗器械追溯制度，按照规定记录生产、经营、使用相关信息，保证医疗器械可追溯。

第一百一十四条 医疗器械注册人、备案人、生产企业、经营企业应当按照规定执行医疗器械唯一标识制度，保证信息真实、准确、完整和可追溯。

第一百一十五条 医疗器械注册人、备案人、生产企业、经营企业应当建立培训管理制度，加强医疗器械法律、法规、规章、标准以及质量管理知识培训，制定年度培训计划，做好培训考核和记录。

企业主要负责人应当落实培训管理主要责任，对管理者代表、生产经营质量管理部门负责人等关键岗位人员及其他相关人员进行与其职责和内容相关的岗前和继续教育培训考核，经考核不具备相应管理能力的，不得上岗。

药品监督管理部门可以对企业培训管理情况进行监督抽查，发现问题的，企业应当立即整改。

第九章 监督管理

第一百一十六条 国家建立职业化专业化医疗器械审评员、检查员、检验员、警戒员、稽查员制度，强化对医疗器械全生命周期的质量监督管理。国务院药品监督管理部门强化国家级职业化专业化队伍建设。省、自治区、直辖市人民政府应当根据监管事权、医疗器械产业规模等，确定省级医疗器械职业化专业化队伍规模、配备相应执法装备和设施，加强能力建设。省、自治区、直辖市人民政府药品监督管理部门应当按照规定配备足够的具备相应条件的职业化专业化人员，保障监督管理需要。

第一百一十七条 药品监督管理部门应当依据产品的风险程度和企业质量管理状况，对医疗器械注册人、备案人、生产企业、经营企业、进口医疗器械境内责任人、使用单位等进行分类分级管理，确定监督检查的重点和检查频次并制定年度医疗器械监督检查计划。

药品监督管理部门建立医疗器械注册人、备案人、生产企业、经营企业、进口医疗器械境内责任人、使用单位的监管信用档案制度。对有不良信用记录的，增加监督检查频次，依法加强失信惩戒。

第一百一十八条 药品监督管理部门应当对医疗器械的研制、生产、经营活动以及使用环节的医疗器械质量加强监督检查，并对下列情形进行重点监督检查：

（一）研制、生产无菌、植入等高风险医疗器械的；

（二）新开办或者生产经营条件发生重大变化的；

（三）医疗器械委托生产的；

（四）上一年度监督检查、抽检发现存在严重问题的；

（五）医疗器械网络销售监测发现重大风险的；

（六）因违反有关法律、法规受到行政处罚的；

（七）其他需要重点监督检查的情形。

第一百一十九条 药品监督管理部门在监督检查中有下列职权：

（一）进入现场实施检查、抽取样品；

（二）查阅、复制、查封、扣押有关合同、票据、账簿以及其他有关资料；

（三）查封、扣押不符合法定要求的医疗器械，违法使用的零配件、原材料以及用于违法生产经营医疗器械的工具、设备；

（四）查封违反本法规定从事医疗器械生产经营活动的场所。

有关单位和个人应当对监督检查予以配合，如实提供相关文件和材料，如实回答检查人员的询问，不得隐瞒、拒绝、阻挠。对药品监督管理部门依法开展的检查予以拒绝或者不予配合的，可以认定为相关活动不符合规定或者规范要求，并依法处理。

检查人员在现场检查中依法形成的记录和收集的材料，可以作为行政执法的证据。

药品监督管理部门依法采取查封、扣押措施的，查封、扣押的期限不得超过90日；情况复杂的，经药品监督管理部门负责人批准，可以延长30日。

第一百二十条 卫生健康主管部门应当对医疗机构的医疗器械使用行为加强监督检查。实施监督检查时，可以进入医疗机构，查阅、复制有关档案、记录以及其他有关资料。

第一百二十一条 药品监督管理部门可以根据需要对为医疗器械研制、生产、经营、使用等活动提供产品或者服务的其他相关单位和个人进行延伸检查。

药品监督管理部门开展延伸检查时，被检查单位和个人应当及时按照药品监督管理部门要求予以配合，如实提供相关文件和材料，如实回答检查人员的询问，不得隐瞒、拒绝、阻挠。对药品监督管理部门依法开展的检查予以拒绝或者不予配合，医疗器械研制、生产、经营单位不能证明相关活动符合法定要求的，可以认定为不符合规定或者规范要求，并依法处理。

第一百二十二条 医疗器械注册人跨区域委托生产的，医疗器械注册人所在地药品监督管理部门负责对注册人质量管理体系运行、警戒以及产品召回等法定义务履行情况开展监督检查。受托生产企业所在地药品监督管理部门负责对受托生产企业生产活动开展日常监督检查。

医疗器械注册人、受托生产企业所在地药品监督管理部门应当建立协同监管机制，可以委托或者联合开展监督检查，加强监管信息互通，实现监管有效衔接。

第一百二十三条 对已在境内上市或者拟在境内上市的医疗器械的境外研制以及生产相关过程，国务院药品监督管理部门可以组织实施境外检查。

省、自治区、直辖市人民政府药品监督管理部门应当组织加强对本行政区域内进口医疗器械境内责任人的监督检查，对投诉举报、警戒、抽查检验等发现重大安全隐患的，可以通过书面检查、远程检查等方式对进口医疗器械注册人、备案人有关情况进行核实。

第一百二十四条 药品监督管理部门根据监督管理的需要，可以对医疗器械质量进行抽查检验，抽查检验不得收取检验费和其他任何费用。

抽样原则上应当购买样品，但下列情形无需购买样品：

（一）大型医疗器械；

（二）属于检验后可以返还的；

（三）对疑似存在质量问题进行针对性抽样；

（四）国务院药品监督管理部门规定的其他情形。

抽查检验所需费用应当列入本级财政预算。抽样应当由两名以上抽样人员，按照国务院药品监督管理部门的规定实施。被抽样单位应当配合抽样人员进行抽样。

第一百二十五条 省级以上人民政府药品监督管理部门应当根据抽查检验结论及时发布医疗器械质量公告。公告不当的，应当在原公告范围内及时予以纠正。

第一百二十六条 医疗器械检验机构资质认定工作按照国家有关规定实行统一管理。

经国务院认证认可监督管理部门会同国务院药品监督管理部门按照检验参数认定并公布的检验机构，方可对医疗器械实施检验。对于认证认可范围尚未覆盖的，药品监督管理部门可以选定具有相应能力的检验机构实施相关检验，检验结论可以作为认定医疗器械质量的依据。

药品监督管理部门在执法工作中需要委托医疗器械检验机构进行检验的，应当支付相关费用。

第一百二十七条 当事人对检验结论有异议的，可以自收到检验结论之日起7个工作日内向实施抽样检验的部门或者其上一级药品监督管理部门提出复检申请，由受理复检申请的部门在复检机构名录中随机确定复检机构进行复检。承担复检工作的医疗器械检验机构应当在国务院药品监督管理部门规定的时间内作出复检结论。复检结论为最终检验结论。复检机构与初检机构不得为同一机构；相关检验项目只有一家有资质的检验机构的，复检时应当变更承办部门或者人员。复检机构名录由国务院药品监督管理部门公布。

第一百二十八条 对可能存在有害物质或者擅自改变医疗器械设计、原材料和生产工艺并存在安全隐患的医疗器械，按照医疗器械国家标准规定的检验项目和检验方法无法检验的，医疗器械检验机构可以使用国务院药品监督管理部门批准的补充检验项目和检验方法进行检验；使用补充检验项目、检验方法得出的检验结论，可以作为药品监督管理部门认定医疗器械质量的依据。

第一百二十九条 国务院药品监督管理部门建立医疗器械质量安全风险信息交流机制，与卫生健康、医疗保障、海关等部门，以及医疗器械生产经营者、使用单位、行业协会等就质量安全风险信息进行交流沟通。对涉及需提示公众的医疗器械质量安全风险，应当发布警示信息。

第一百三十条 医疗器械研制、生产、经营过程中存在产品质量安全隐患、未及时采取措施消除的，药品监督管理部门可以采取告诫、责任约谈、责令限期整改等措施。

对人体造成伤害或者有证据证明可能危害人体健康的医疗器械，药品监督管理部门可以采取责令暂停生产、经营、进口、使用的紧急控制措施，并发布安全警示信息。

第一百三十一条 有下列情形之一的，由原发证部门注销医疗器械注册证，并予以公布：

（一）注册人自行提出办理注销手续的；

（二）不予延续注册或者医疗器械注册证有效期届满未申请延续注册的；

（三）注册人的医疗器械注册证被依法吊销或者撤销的；

（四）其他依法应当注销医疗器械注册证书的情形。

第一百三十二条 有下列情形之一的，原备案部门应当责令备案人限期改正；备案人未按要求限期改正的，由原备案部门取消产品备案并公布：

（一）已经备案的资料不规范或者不符合法定要求的；

（二）已备案医疗器械的管理类别调整为第二类或者第三类的；

（三）已备案的医疗器械调整为不再按照医疗器械管理的；

（四）备案人应当主动取消备案但未按要求取消备案的。

前款第一项情形中备案资料涉及产品安全性、有效性的，产品自取消备案之日起不得继续生产、经营、进口和使用。

第一百三十三条 药品监督管理部门发现医疗器械注册人或者备案人无法取得联系超过一年的，由原发证部门或者备案部门公示 30 日后，可以注销医疗器械注册证或者取消备案，并予以公告。

药品监督管理部门发现医疗器械生产企业、经营企业不具备原生产、经营条件且无法取得联系的，由原发证部门或者备案部门公示 30 日后，可以注销许可证或者取消备案，并予以公告。

第一百三十四条 禁止生产、经营、进口、使用未依法注册或者备案、无合格证明文件以及过期、失效、淘汰、翻新的医疗器械。

禁止医疗器械注册人、备案人、生产企业、经营企业、境内责任人、医疗机构在医疗器械购销中给予、收受回扣或者其他不正当利益。

禁止医疗器械注册人、备案人、生产企业、经营企业、境内责任人以任何名义给予使用其医疗器械的医疗机构的负责人、采购人员、医师等有关人员财物或者其他不正当利益。禁止医疗机构的负责人、采购人员、医师等有关人员以任何名义收受医疗器械注册人、备案人、生产企业、经营企业、境内责任人给予的财物或者其他不正当利益。

第一百三十五条 药品监督管理部门应当加强稽查执法，及时查处违法行为。

上级药品监督管理部门认为必要时，可以将本部门管辖的案件交由下级药品监督管理部门管辖，也可以直接查处由下级药品监督管理部门管辖的案件，或者将下级药品监督管理部门管辖的案件指定其他下级药品监督管理部门管辖。

国务院药品监督管理部门可以通过发布指导性案例等方式，对执法工作中具体应用法律的问题进行监督和指导。

第一百三十六条 省、自治区、直辖市人民政府药品监督管理部门的派出机构，可以以自己的名义开展监督检查，实施行政强制措施，作出警告、罚款、没收违法生产销售的医疗器械和违法所得的处罚。

第一百三十七条 对于未取得医疗器械生产经营许可或者备案，生产经营未经注册或者备案的医疗器械的，由设区的市级、县级人民政府药品监督管理部门依法查处。

第一百三十八条 国家实行医疗器械安全信息统一公布制度。国家医疗器械安全总体情况、医疗器械安全风险警示信息、重大医疗器械安全事件及其调查处理信息和国务院确定需要统一公布的其他信息由国务院药品监督管理部门统一公布。

医疗器械安全风险警示信息和重大医疗器械安全事件及其调查处理信息的影响限于特定区域的，也可以由有关省、自治区、直辖市人民政府药品监督管理部门公布。

公布医疗器械安全信息，应当及时、准确、全面，并进行必要的说明。

任何单位和个人不得编造并散布虚假的医疗器械安全信息。

第一百三十九条 药品监督管理部门应当对医疗器械审评审批、检验、警戒、检查等活动中知悉的商业秘密予以保密。

第一百四十条 药品监督管理部门应当按照全面覆盖、突出重点、及时处置、注重实效的要求开展风险会商，及时发现并有效处置医疗器械质量安全风险隐患，落实企业主体责任和监管部门责任，构建风险识别、风险评估及风险管控相结合的风险管理机制。

第一百四十一条 药品监督管理等部门应当公布本单位的联系方式，接受咨询、投诉、举报。药品监督管理等部门接到与医疗器械监督管理有关的咨询，应当及时答复；接到投诉、举报，应当及时核实、处理、答复。

有关医疗器械研制、生产、经营、使用行为的举报经调查属实的，药品监督管理等部门对举报人应当给予奖励。有关部门应当为举报人保密。

第一百四十二条 国务院药品监督管理部门制定医疗器械相关监管政策、管理目录以及技术性指导文件，应当公开征求意见。

国务院药品监督管理部门可以采取听证会、论证会等形式，听取专家、医疗器械注册人、备案人、生产企业、经营企业、使用单位、消费者、行业协会以及相关组织等方面的意见。

第一百四十三条 国家建立医疗器械决策专家咨询制度。国务院药品监督管理部门成立医疗器械决策专家咨询委员会，就医疗器械技术审评、审核查验、分类判定、质量检验等技术事项进行决策咨询，必要时可以由专家表决形成决策咨询意见。

第一百四十四条 国家实行医疗器械储备制度，建立中央和地方两级医疗器械储备。

发生重大灾情、疫情或者其他突发事件时，依照《中华人民共和国突发事件应对法》的规定，国务院工业和信息化主管部门会同有关部门可以紧急调用医疗器械。

第一百四十五条 县级以上地方人民政府应当制定医疗器械安全事件应急预案。

医疗器械注册人、备案人、生产企业、经营企业和使用单位应当制定本单位的医疗器械安全事件处置方案，并组织开展培训和应急演练。

发生医疗器械安全事件的，县级以上地方人民政府应当按照应急预案立即组织开展应对工作；有关单位应当立即采取有效措施进行处置，防止危害扩大。

县级以上地方人民政府卫生健康主管部门和使用单位应当依据国家有关规定建立医疗器械应急保障机制，保障突发事件的应急救治需求。

第一百四十六条 药品监督管理部门未及时发现医疗器械安全系统性风险，未及时消除监督管理区域内医疗器械安全隐患的，本级人民政府或者上级人民政府药品监督管理部门应当对其主要负责人进行约谈。

地方人民政府未履行医疗器械安全职责，未及时消除区域性重大医疗器械安全隐患的，上级人民政府或者上级人民政府药品监督管理部门应当对其主要负责人进行约谈。

被约谈的部门和地方人民政府应当立即采取措施，对医疗器械监督管理工作进行整改。

约谈情况和整改情况应当纳入有关部门和地方人民政府药品监督管理工作评议、考核记录。

第一百四十七条 药品监督管理部门发现医疗器械违法行为涉嫌犯罪的，应当及时将案件移送公安机关。

对依法不需要追究刑事责任或者免予刑事处罚，但应当追究行政责任的，公安机关、人民检察院、人民法院应当及时将案件移送药品监督管理部门。

公安机关、人民检察院、人民法院商请药品监督管理等部门提供检验结论、认定意见以及对涉案医疗器械进行无害化处理等协助的，药品监督管理等部门应当及时提供，予以协助。

第一百四十八条 药品监督管理部门在行政执法中发现公职人员涉嫌违纪违法问题线索的，应当根据行政执法与纪检监察监督贯通协同机制要求，按照线索所涉人员的管理权限，及时将线索和证据材料移送相应纪检监察机关。

第十章　法律责任

第一百四十九条 违反本法规定，构成犯罪的，依法追究刑事责任。

第一百五十条 有下列情形之一的，由药品监督管理部门责令改正、没收违法所得、违法生产经营的医疗器械和用于违法生产经营的工具、设备、原材料等物品；违法生产经营的医疗器械货值金额不足1万元的，并处5万元以上15万元以下罚款；货值金额1万元以上的，并处货值金额15倍以上30倍以下罚款；情节严重的，责令停产停业，10年内不受理相关责任人以及单位提出的医疗器械许可申请，对违法单位的法定代表人、主要负责人、直接负责的主管人员和其他责任人员，没收违法行为发生期间自本单位所获收入，并处所获收入30%以上3倍以下罚款，终身禁止其从事医疗器械生产经营活动，并可以由公安机关处5日以上15日以下的拘留：

（一）生产、经营、进口未取得医疗器械注册证的第二类、第三类医疗器械；

（二）未经许可从事第二类、第三类医疗器械生产活动；

（三）已注册的第二类、第三类医疗器械产品发生实质性变化，未及时办理注册变更手续；

（四）未经许可从事第三类医疗器械经营活动。

有前款第一项情形、情节严重的，由原发证部门吊销医疗器械生产许可证或者医疗器械经营许可证。

第一百五十一条 有下列情形之一的，由药品监督管理部门责令改正，没收违法所得、违法生产经营使用的医疗器械；违法生产经营使用的医疗器械货值金额不足1万元的，并处2万元以上5万元以下罚款；货值金额1万元以上的，并处货值金额5倍以上20倍以下罚款；情节严重的，责令停产停业，直至由原发证部门吊销医疗器械注册证、医疗器械生产许可证、医疗器械经营许可证，对违法单位的法定代表人、主要负责人、直接负责的主管人员和其他责任人员，没收违法行为发生期间自本单位所获收入，并处所获收入30%以上3倍以下罚款，10年内禁止其从事医疗器械生产经营活动，并可以由公安机关处5日以上15日以下的拘留：

（一）生产、经营、使用不符合强制性标准或者不符合经注册或者备案的产品技术要求的医疗器械；

（二）未按照经注册或者备案的产品技术要求组织生产；

（三）未依照本法规定建立质量管理体系并保持有效运行，影响产品安全、有效；

（四）经营、进口、使用无合格证明文件、过期、失效、淘汰、翻新的医疗器械，或者使用未依法注册的医疗器械；

（五）在药品监督管理部门责令召回后仍拒不召回，或者在药品监督管理部门责令停止或者暂停生产、经营、进口后，仍拒不停止生产、经营、进口医疗器械；

（六）委托不具备本法规定条件的企业生产医疗器械，或者未对受托生产企业的生产行为进行管理。

第一百五十二条 未经许可擅自配置使用大型医用设备的，由县级以上地方人民政府卫生健康主管部门责令停止使用，给予警告，没收违法所得；违法所得不足1万元的，并处5万元以上10万元以下罚款；违法所得1万元以上的，并处违法所得10倍以上30倍以下罚款；情节严重的，5年内不受理相关责任人以及单位提出的大型医用设备配置许可申请，对违法单位的法定代表人、主要负责人、直接负责的主管人员和其他责任人员，没收违法行为发生期间自本单位所获收入，并处所获收入30%以上3倍以下罚款，依法给予处分。

第一百五十三条 在申请医疗器械行政许可时提供虚假资料或者采取其他欺骗手段的，不予行政许可，或者由作出行政许可决定的部门撤销已取得的行政许可，没收违法所得、违法生产经营使用的医疗器械，10年内不受理相关责任人以及单位提出的医疗器械许可申请；违法生产经营使用的医疗器械货值金额不足1万元的，并处5万元以上15万元以下罚款；货值金额1万元以上的，并处货值金额15倍以上30倍以下罚款；情节严重的，责令停产停业，对违法单位的法定代表人、主要负责人、直接负责的主管人员和其他责任人员，没收违法行为发生期间自本单位所获收入，并处所获收入30%以上3倍以下罚款，终身禁止其从事医疗器械生产经营活动，并可以由公安机关处5日以上15日以下的拘留。

伪造、变造、买卖、出租、出借相关医疗器械许可证件的，由原发证部门予以收缴或者吊销，没收违法所得；违法所得不足1万元的，并处5万元以上10万元以下罚款；违法所得1万元以上的，并处违法所得10倍以上20倍以下罚款；构成违反治安管理行为的，由公安机关依法予以治安管理处罚。

第一百五十四条 有下列情形之一的，由药品监督管理部门向社会公告单位和产品名称，责令限期改正；逾期不改正的，没收违法所得、违法生产经营的医疗器械；违法生产经营的医疗器械货值金额不足1万元的，并处1万元以上5万元以下罚款；货值金额1万元以上的，并处货值金额5倍以上20倍以下罚款；情节严重的，对违法单位的法定代表人、主要负责人、直接负责的主管人员和其他责任人员，没收违法行为发生期间自本单位所获收入，并处所获收入30%以上2倍以下罚款，5年内禁止其从事医疗器械生产经营活动：

（一）生产、经营、进口未经备案的第一类医疗器械；

（二）未经备案从事第一类医疗器械生产；

（三）经营第二类医疗器械，应当备案但未备案；

（四）未经备案为医疗器械网络交易提供电子商务平台服务；

（五）生产、使用定制式医疗器械前未备案；

（六）开始生产或者停产后重新生产未报告；

（七）已经备案的资料不符合要求。

第一百五十五条 备案时提供虚假资料的，由药品监督管理部门向社会公告备案单位和产品名称，没收违法所得、违法生产经营的医疗器械；违法生产经营的医疗器械货值金额不足1万元的，并处2万元以上5万元以下罚款；货值金额1万元以上的，并处货值金额5倍以上20倍以下罚款；情节严重的，责令停产停业，对违法单位的法定代表人、主要负责人、直接负责的主管人员和其他责任人员，没收违法行为发生期间自本单位所获收入，并处所获收入30%以上3倍以下罚款，10年内禁止其从事医疗器械生产经营活动。

第一百五十六条 医疗器械经营企业、使用单位履行了本法规定的进货查验等义务，有充分证据证明其不知道所经营、使用的医疗器械为第一百五十条第一款第一项、第一百五十一条第一项、第四项以及第一百五十四条第一项规定情形的医疗器械，并能如实说明其进货来源的，收缴其经营、使用的不符合法定要求的医疗器械，可以免除行政处罚。

第一百五十七条 有下列情形之一的，由药品监督管理部门责令改正，处1万元以上5万元以下罚款；拒不改正的，处5万元以上10万元以下罚款；情节严重的，责令停产停业，直至由原发证部门吊销医疗器械生产许可证、医疗器械经营许可证，对违法单位的法定代表人、主要负责人、直接负责的主管人员和其他责任人员，没收违法行为发生期间自本单位所获收入，并处所获收入30%以上2倍以下罚款，5年内禁止其从事医疗器械生产经营活动：

（一）生产条件发生变化、不再符合医疗器械质量管理体系要求，未依照本法规定整改、停止生产、报告；

（二）生产、经营、进口说明书、标签不符合本法规定的医疗器械；

（三）未按照医疗器械说明书和标签标示或者医疗器械经营质量管理规范要求运输、贮存医疗器械；

（四）转让过期、失效、淘汰、翻新、检验不合格的在用医疗器械。

第一百五十八条 有下列情形之一的，由药品监督管理部门和卫生健康主管部门依据各自职责责令改正，给予警告；拒不改正的，处1万元以上10万元以下罚款；情节严重的，责令停产停业，直至由原发证部门吊销医疗器械注册证、医疗器械生产许可证、医疗器械经营许可证，对违法单位的法定代表人、主要负责人、直接负责的主管人员和其他责任人员处1万元以上3万元以下罚款：

（一）未按照要求对质量管理体系运行情况进行自查并提交自查报告；

（二）从不具备合法资质的供货者购进医疗器械；

（三）医疗器械经营企业、使用单位未依照本法规定建立并执行医疗器械进货查验记录制度；

（四）从事第二类、第三类医疗器械批发业务以及第三类医疗器械零售业务的经营企业未依照本法规定建立并执行销售记录制度；

（五）医疗器械注册人、备案人、生产企业、经营企业、使用单位未依照本法规定开展医疗器械警戒监测，未按照要求报告不良事件，或者对医疗器械警戒技术机构、药品监督管理部门、卫生健康主管部门开展的不良事件等调查不予配合；

（六）未根据上市后评价结果采取相应控制措施；

（七）拒不配合监督抽检；

（八）医疗器械注册人、备案人未按照规定建立并执行产品追溯制度；

（九）医疗器械注册人、备案人、经营企业从事医疗器械网络销售未按照规定告知药品监督管理部门；

（十）医疗器械注册人、备案人、经营企业向个人销售除消费者个人自行使用以外的医疗器械；

（十一）对需要定期检查、检验、校准、保养、维护的医疗器械，医疗器械使用单位未按照产品说明书要求进行检查、检验、校准、保养、维护并予以记录，及时进行分析、评估，确保医疗器械处于良好状态；

（十二）医疗器械使用单位未妥善保存购入第三类医疗器械的原始资料。

最新法律文件解读丛书

稿　　约

最新法律文件解读丛书是一套以为最新法律规范提供同步“解读”为主的系列丛书，分为刑事、民事、商事、行政与执行 4 个分册，按月出版。

本丛书以“解读”为重点，突出全、专、新、快、准等特点，通过对最新出台的法律、法规、司法解释、部门规章以及重要地方性法规进行同步动态解读，弥补了法律、法规、司法解释汇编类出版物没有同步阐释、解读内容的不足，为广大读者学习理解最新法律规范，正确贯彻执行法律文件，及时解决实践中的新情况、新问题，提供一个全方位、多层面的法律信息平台。

欢迎您向以下栏目赐稿：

【最新法律文件解读】主要是对最新颁行的法律文件进行解读，帮助司法和执法人员正确理解法律文件的立法背景、意义、重点内容、在适用中应注意的问题、与相关法律文件的衔接与互动关系等。

【司法实务问题研究】主要刊登对司法理论、实务及司法管理工作中的热点、疑难问题进行研究及评论的文章。

【新类型疑难案例选评】主要是对司法和行政执法实践中具有典型性和代表性的疑难案例，结合具体案情以及审理或处理结果进行简练精辟的点评，解析认识问题的方法、处理问题的法律依据和在个案中的具体适用。

【法学前沿与新视点】以摘要的形式刊登相关法学理论研究的最新动态及具有代表性和典型性的前沿问题，扩展法学研究的深度和广度。

【法律适用问题解答】主要针对司法和行政执法实践中面临的新问题、热点问题、疑难问题进行简要的解答，指出涉及的法律关系，明确法律适用依据。

稿件一经刊用即付稿酬，稿酬从优。

《刑事法律文件解读》　周　敏　邮箱：xingshijiedu@163.com

《民事法律文件解读》　杨　洁　邮箱：1216921515@qq.com

《商事法律文件解读》　路建华　邮箱：shangshijiedu@126.com

《行政与执行法律文件解读》　丁寒峨　邮箱：1290312696@qq.com

人民法院出版社

最新法律文件解读丛书编辑部